지식인의
옷장

지식인의 오장

알고 입는 즐거움을 위한
패션 인문학

임성민 지음

whale 🐋 books

알고 입으면
즐겁다

요리연구가의 식탁
건축가의 인테리어
연애고수의 키스…

나의 식탁, 나의 인테리어, 나의 키스와 뭔가 다를 것 같은 이유는 무
엇일까? 그들은 '알기' 때문이다. 알아야 잘하는 것은 당연하다. 현대
인들은 수많은 관계 속에 지쳐 자존감을 유지하기 힘든 상황에서도 남
에게 나를 잘 드러내기를 포기할 수 없다. 타인에게 나를 표현하는 가
장 효과적인 방법은 바로 옷을 잘 입는 것이다. 그리고 잘 입기 위해서
는 패션을 알아야 한다. 하지만 포털사이트에서 '패션'을 검색하면 업
체들의 광고 게시물이 도배되고 서점에서 패션 관련 서적을 찾아봐도
여전히 막막하다. 단순하고 일시적인 패션 스타일링에 관한 책 아니면
전공자나 관련 업계 종사자를 위해 패션을 학문으로 다룬 책이 대부분
이다. 이렇게 제한된 접근은 대중이 패션을 이해하고 활용하며 패션의
가치를 느끼기에 적합하지 않다. 지금 당장 내게 어울리는 컬러나 헤
어스타일을 아는 것이 크게 의미가 없는 이유는 패션은 지속이고 생활
이어서다. 학문으로 배우는 경우가 아니라면 패션은 익힘이 아닌 체득
이어야 한다.

무엇을 안다는 것은 정보를 가지는 것 이상의 의미가 있다. 패션을 알게 되는 것은 그날의 옷차림을 넘어 우리 삶에 변화를 일으킨다. 자신의 가치를 높이는 방법으로 패션을 활용하면 타인의 시선을 가볍게 받아들이는 것에 익숙해진다. 그리고 타인의 시선을 가볍게 받아들이다 보면 삶을 유동적으로 만드는 데 재미를 느끼게 된다. 패션의 본질은 변화다. 패션에는 변화하기 위한 에너지가 있고, 변화해야 하기 때문에 패션은 가볍다. 그 가벼운 속성이 우리의 무거운 삶에 재미를 준다. 현대인들 대부분은 사소한 것에도 몸을 사리고 미움받는 데도 용기가 필요하다고 생각하지만, 패션을 아는 사람들은 타인의 시선을 부담이 아니라 즐거움으로 느낀다. 그래서 사소한 스트레스가 적은 편이다. 어떤 행동을 할 때 타인에게 어떻게 보일지에 대해 끊임없이 걱정하고 비판받지 않으려는 생각부터 앞서면 스트레스를 받기 마련인데 패션을 즐기는 사람들은 비판에 부담을 느끼지 않기 때문에 서로에게 '촌스럽다'는 단어도 거리낌 없이 사용한다. 가끔은 어울리지 않을 수도 있지만 새롭다는 이유만으로 과감한 시도를 해보기도 한다.

본격적으로 패션을 향유하기 위해서는 가벼운 자세가 필요하다. 학창시절, 팔이나 다리의 잔털을 밀면 털이 더 많이 난다는 말이 떠돌던 때가 있었다. 잔털 없이 매끈한 팔을 원하고 털을 미는 수고가 대단한 것도 아닌데, 단지 밀고 나면 더 난다는 속설 때문에 많은 친구들이 망설였다. 아주 작은 변화가 두려워서 원하는 것을 포기하는 태도는 우리가 인생을 살아가면서 즐길 수 있는 부분을 제한하는 것이나 마찬가지다. 우리가 주춤하는 일 중 많은 것들이 사실 별것 아닌데도 말이다. 나에게 팔의 털을 면도하는 것과 비슷한 망설임이 무엇인지 생각해볼 필요가 있다.

패션업계에서 가장 많이 사용하는 말 중 하나가 '재미있다'이다. 디자인 실장들이 새로운 디자인을 검사할 때 재미있다고 표현하는 것은 만족했다는 뜻이고 '패스'를 의미한다. 패션은 영원불변의 대작을 요구하지 않는다. 깊은 의미가 부여되고 무거운 것은 즐기기엔 적합하지 않다. 그렇다고 패션이 웃기기를 바라는 건 아니다. 타인의 감정을 우선시하며 때에 따라 자신을 낮추기도 하는 '웃기는 것'은 패션이 가장 지양하고 싫어하는 것 중 하나다. 무겁지 않되 폄하되지도 않는 재미가 패션을 대하는 가장 효과적인 자세다. 패션을 떠올리면 고급 브랜드부터 연상된다거나 나와 거리가 먼 소수의 사람들만이 누리는 것으로 단정하던 사람들이 이 책을 통해 '패션의 재미'를 느끼기를 바란다.

직장인들이 가장 많이 하는 고민 두 가지, '오늘 뭐 먹지'와 '내일 뭐 입지' 중에 후자가 걱정이 아니라 설렘으로 바뀐다면 삶의 사소한 스트레스를 줄이고 자신의 가치를 높이는 방법이 체득될 것이다. 내게 재미를 주는 패션을 취하고 거울을 보자. 뽐내듯이 허리에 양손을 얹으면 어깨와 허리가 곧게 펴지고 턱이 저절로 들린다. 미처 몰랐거나 잊고 있던 당신의 모습을 발견하면서, 낮에 들었던 동료의 지적이 별것 아니라는 것을 깨닫게 될 것이다. 알고 보면, 달라 보인다. 지식은 곧 자신감이기 때문이다. 패션을 알고 나면 냉장고 문 다음으로 많이 여는 옷장의 문이 평소와 다르게 느껴진다. 당신의 옷장은 패션을 아는 자의 옷장, 지식인의 옷장이 되어 있을 것이다.

김태희와 공효진의
차이점은 무엇일까

옷을 잘 입는 사람과 못 입는 사람은 어떻게 나뉘는 걸까. 옷을 잘 입는
데 대단한 기술이나 자본이 필요한 것일까. 패션을 다루는 직업의 사람
이라면 이에 대해 '그렇지 않다'고 확고하게 대답할 것이다. 유행을 따
르거나 유명 브랜드의 제품을 구매하기 위해 자본이 필요하지 않느냐
고 반문할 수도 있다. 하지만 패션은 비슷한 스타일이 다양한 가격에 선
보이는 영역이기 때문에 반드시 럭셔리 브랜드 제품으로 치장하고 싶은
게 아니라면 원하는 스타일을 적정한 가격대에서 선택할 수 있다. 그리
고 유행에만 급급한 사람에게 옷을 잘 입는다고 하지는 않는다.

"앞니가 벌어져서 좋겠다."
"광대뼈가 커서 좋겠다."
"나도 짝눈이었으면 좋겠다."

이런 대화는 유명 패션모델들 사이에서 자연스럽게 오가는 말이다. 일
반적으로 단점으로 인식되는 외모도 패션의 영역에서는 독특함으로 승
화되어 개성 있다고 평가된다. 예를 들어 많은 패션디자이너들이 멋진
얼굴이라고 찬사를 보내는 바네사 파라디나 린제이 윅슨은 앞니가 심하
게 벌어졌다. 샤넬의 TV 광고에서 바네사 파라디는 활짝 웃으며 벌어진

앞니의 매력을 드러낸다. 랑방의 수석 디자이너 알버 엘바즈는 다소 통통한 몸매를 가졌지만 옷을 잘 입는 디자이너로 유명하고, 환갑을 바라보는 패션디렉터 닉 우스터는 170cm가 채 안 되는 키지만 세계적으로 그의 패션을 추종하는 사람들이 많다. 미국의 쌍둥이 아역배우 출신인 올슨 자매의 빈약한 몸매는 일반적으로 말하는 훌륭한 외모의 기준과 거리가 멀지만 그들은 지금까지도 미국 내 최고의 패셔니스타로 손꼽힌다. 사실 패셔너블하기 힘든 외모는 없다.

그렇다고 옷을 잘 입는 데 아무런 기준이 없다는 것은 아니다. '아름답다'는 말과 '패셔너블하다'는 말 중에 후자의 기준이 훨씬 명확하고 객관적이다. 예를 들어 외모가 아름다운 사람을 물어보면 가치관이나 취향에 따라 다양한 사람이 언급되는 반면, 패셔너블한 사람을 물어보면 상대적으로 소수의 사람이 언급된다.

미국의 주간지 〈피플〉을 비롯한 잡지사들에서 실시하는 '외모가 아름다운 유명인'을 묻는 설문과 '옷을 잘 입는 유명인'을 묻는 설문에 대한 결과를 보면, 후자의 경우 상위 10인에 랭크된 사람들이 전자에 비해 많이 겹친다. 즉, 아름답다는 이미지보다 패셔너블하다는 이미지가 더 구체적인 공감대를 형성한다. 또 두 종류의 설문에서 상위에 랭크된 인물들이 서로 다른 것은 아름다움과 패셔너블함의 기준이 다르다는 것을 보여준다. 예를 들어 제니퍼 로페즈와 커스틴 던스트는 외모가 아름다운 인물로는 잘 언급되지 않지만 옷을 잘 입는 인물로는 빠지지 않고 등장한다.

국내로 눈을 돌려보자. 전형적인 미녀라 불리는 배우 김태희와 전형적인 미녀는 아니지만 옷을 잘 입는 배우 공효진. 두 배우가 형성하는 이미지의 차이는 무엇일까?

이 둘은 이미지 변화가 자유로운 정도에 차이가 있다. 전형적인 미남미녀에 비해 공효진, 김민희, 류승범 등은 상대적으로 가볍고 젊으면서 유동적인 느낌을 준다. 예외적이고 독특한 역할을 맡아 이미지를 전환하기도 쉽고, 그에 따른 외모 변화도 어색하지 않을 가능성이 크다. 패션은 가볍고 유동적인 이미지일수록 효과적으로 활용된다. 그래서 김태희보다 공효진이 상대적으로 패션의 영역에서는 보다 폭넓게 연출되어 패셔너블한 이미지를 주기 쉽다. 변화해도 어색하지 않을 것 같은 사람이 패셔너블하다는 말을 바꾸면, 패셔너블한 사람이 되기 위해서는 변화를 어색해하지 않아야 한다는 뜻이 된다.

"갑자기 머리를 밝게 염색하면 친구들이 어색하게 볼 것 같아. 티가 잘 안 나게 살짝만 염색해볼까. 그런데 또 너무 티가 안 나면 돈이 아까운데."
"오랜만에 마음에 드는 치마를 하나 샀는데, 바지만 입고 다니다가 내일 치마를 입으면 다들 한마디씩 물어보겠지. 괜히 샀나. 그냥 바지 입고 가는 게 속 편하겠어."

평소에 안 입던 치마를 입는다든지 머리 색을 바꿔보는 정도의 변화에 머뭇거린다면 패셔너블해지기 힘들다. 사람들은 타인의 패션에 쉽게 관심을 보이긴 하지만, 그걸 가지고 오랫동안 수근거리지 않는다. 나의 변화된 패션에 대해 사람들이 건네는 말들을 가볍게 즐길 줄 알 때 패션의 맛도 알게 된다.

이제 패션을 대하는 태도에 대해 알아보자. 당신은 오늘 누군가에게 이런 얘기를 들었다.

　야, 왜 그렇게 이기적이야?
　너 오늘 왜 이렇게 촌스럽냐?

어느 쪽이 당신의 기분을 더 상하게 하는가? 사람에 따라 다르겠지만 촌스럽다는 말이 더 불쾌하다면 패션을 바라보는 당신의 태도가 아직 덜 자유롭다는 증거다. 패션을 대하는 태도는 가볍고 유동적이어야 한다. 변하기 힘든 개인의 성격에 대한 비판과 패션에 대한 비판을 동일시하면 안 된다. 패션은 하나로 고정하는 게 아니라 여러 가지를 향유하는 것이기 때문이다. 누가 촌스럽다고 하면 '오늘 패션은 나랑 안 어울리나 보네. 다음에는 다른 스타일로 입어봐야지' 혹은 '난 좋은데, 나랑 취향이 다른가 봐' 하면 그만이다. 하루의 옷차림에 대한 비판으로 기분이 상할 필요는 없다. 촌스럽다는 말에 기분이 상해버리면 앞으로 더욱 소극적인 태도를 보일 것이고 그렇기 때문에 패션을 향유하지 못하는 악순환이 일어난다. 패션은 자존심 자체가 아니라 이를 높이는 방법 중 하나다.

실제로 옷을 좋아하고 잘 입는 사람들은 패션에 대한 비판에 익숙하고 이를 즐기기까지 한다. 질문도 서슴지 않는다. "나 오늘 패션을 바꿔봤는데 어때?" 이 질문에는 자신의 패션이 타인의 눈에도 멋지게 보였으면 하는 바람도 있지만, 나의 패션을 이야깃거리로 삼아 적극적으로 즐기려는 의도도 들어 있다.

그렇다고 패션이 무작정 '내가 괜찮으면 됐다'는 식은 아니다. 과거에 한 프로그램에 청치마를 입고 학교에 등교하는 남학생 이야기가 방영된 적이 있다. 그는 바지보다 치마가 더 편하다며 남자가 치마를 입지 못한다는 것은 고정관념일 뿐이라고 말했다. 그러나 이것이 패션을 즐기는 태도인지에 대해서는 의문이 남는다. 패션을 즐기는 일에는 타인의 시선이 분명히 포함되어 있기 때문이다. 앞서 언급했듯 옷을 잘 입는 유명인에 대한 기준이 상당히 명확하다는 점은 패션이 꽤나 객관적인 속성이 있다는 뜻이다. 특정한 패션이 주관적으로 자신의 취향과 다를지라도 객관적으로는 패셔너블한지 아닌지도 인식할 수 있다. 예를 들어 힙합 스타일을 그다지 선호하지 않아도 멋있어 보이는 힙합 스타일과 그렇지 않은 스타일은 구분될 수 있다. 객관적이라는 것은 여럿이 공감하며 소통할 수 있어야 한다는 말과 통한다.

패션은 매너 있게 타인을 고려하면서도 나 자신의 즐거움을 적극적으로 추구하는 것이다. 패션에서 '나'는 향유의 주체이자 객체다. 그렇기 때문에 패션은 흥미롭다.

Contents

1부
옷장, 가까이 가기

Step 01 패션은 판타지다

Step 02 패션은 여자다

2부
옷장, 제대로 알기

3부
옷장, 가지고 놀기

Step 07 패션은 궁합이다

옷장,
가까이
가기

01

때로는 과도하게 의미를 찾는 것보다
보이는 대상을 그대로 받아들이고
자연스럽게 흘려보내는 태도가
삶의 무게를 줄여준다.
패션이 바로 그렇다.
가볍다. 그래서 즐겁다.

패션은
판타지다

STEP 01

동생이 오랜만에 네 살배기 딸과 함께 놀러 왔다. 귀엽게 꾸미고 온 조카를 예쁘다고 칭찬했더니 이른 아침부터 여러 벌의 옷을 입어보고 선택했다는 분홍색 원피스를 자랑하면서 "나 이 패션 너무 좋아"라며 만족스러워했다. 네 살 아이도 신경 쓰는 이 '패션'이란 것은 무엇일까?

학창시절 옷을 잘 입는다고 소문난 친구가 있었다. 페인트로 작업을 하던 중 실수로 하얀색 페인트가 그의 청바지에 튀었다. 비싼 바지를 버렸구나 하고 다들 내심 안타까워하는데 물끄러미 바지를 내려다보던 그가 갑자기 하얀색 페인트를 더 묻히기 시작했다. 한두 방울 튀었을 때는 오물이 묻은 듯이 보였지만 붓으로 과감하게 내리긋자 해외 패션쇼에 나올 만한 멋진 바지가 되었다.

패션은 뽐내기다. "이건 어때?" 또는 "이것도 멋지지!"라고 말할 수 있는 자신감이자 과시이다. 과시는 허세처럼 보일 수도 있지만 실수를 대수롭지 않게 여기면서 즐길 수 있는 여유이기도 하다. 최근에는 특히 SNS를 통해 남들에게 보이고 싶은 방향으로 자신을 나타내는 방법이 많아지면서 허세란 단어가 자주 사용되기 시작했다. 허세는 자신의 어떤 부분을 숨기기 위한 것일 때는 공허함으로 느껴지지만, 드러냄을 즐기기 위한 것일 때는 활력으로 느껴진다. 다시 말해 포장된 것만 프레임 안에 넣고 타인에게 어떻게 보일지에만 신경 쓰는 허세는 공허하지만, 삶의 무게감을 줄이고 적극적으로 즐기고자 하는 가벼움은 생동감을 준다.

패션은 후자의 허세다. 자기 스스로 드러냄을 즐기고 이를 통해 만족감을 얻는 것이 패션을 향유하는 방법이다. 패션을 통한 타인의 관심은 그에 얽매일 때는 구속이 되지만 스스로 그 반응을 자유롭게 즐길 때는 생활의 즐거움이 된다.

또 패션은 차별이 아닌 차이를 추구한다. 고급 실크 재질의 원피스와 찢어진 청바지 사이에 우위는 없다. 그저 다른 스타일일 뿐이다. 회사 면접에서 자신이 남과 다른 점이 무엇이냐는 질문에 동성애자임을 밝히는 것이 어색하지 않은 분야가 패션이다. 잘못이 아니라면 '차이'이고 패션은 차이를 선호한다. 차이를 숨길 필요는 전혀 없다. 그래서 자신감 있는 패션은 남들의 시선에 움찔하지 않으며 스트레스를 받지도 않는다.

주류가 멋진 만큼 마이너 그룹도 멋지다. 패션의 방식으로 말하자면 마이너 그룹이기 때문에 멋지다. 패션은 모두에게 열려 있다.

옷장의 성격
오글거림을 즐긴다

A: 이번에 내가 좋아하는 가수가 〈보그Vouge〉의 패션 화
　　보를 찍었대.
B: 오! 기대되겠다.
A: 아니, 사실은… 좀 걱정이 돼.
B: 왜?
A: 너무 특이한 옷을 입고 어색한 화장을 해서 이상하게
　　보일까 봐.

유명 패션잡지에 전문 모델이 아닌 배우나 가수의 화보가 실릴 때가 있
다. 영화나 음악을 소개하는 잡지에 비해 패션잡지에 실린 유명인들은
어딘가 낯선 느낌을 준다. 이는 패션잡지가 자연스러움보다는 '드러냄'
을 지향하기 때문이다.

몇 년 전 TV프로그램인 개그콘서트에 〈패션 넘버5〉라는 코너가 있었
다. 개그맨들이 패션모델들의 포즈를 과장되게 따라 하고 "엣지 있어!
아방가르드해! 크리에이티브해!" 등 패션계에서 쓰는 용어들을 덧붙이
며 관객의 웃음을 자아냈다. 하지만 그 코너는 패션 전공자나 패션 분야
에서 일하는 사람들에게는 별로 낯설지 않다.

유머 코드로 가장 흔하게 사용되는 것이 과장을 통한 패러디인데 이 코너도 패션의 영역을 과장하여 보여줌으로써 웃음을 유발한다. 일반적으로 이러한 방식은 그 분야의 전문가들이 보기에 불편하거나 불쾌할 수 있지만 패션에서는 오히려 긍정적인 반응을 불러온다. 비대칭 헤어, 과도하게 부푼 옷, 허리에 손을 올린 채 어깨에 힘을 주고 등을 구부리는 포즈는 과장되고 어색해 보일 수 있지만 그것이 패션의 특성이고 매력이기 때문이다.

실제로 여기에 나오는 의상들은 패션관련학과 졸업작품전에서 흔히 볼 수 있는 스타일로 패션 새내기들의 감각과 열정, 하이패션의 영향과 그것을 향한 동경이 적절하게 섞여 있다. 게다가 패션모델의 포즈를 흉내 내는 개그맨들의 과장된 모습에는 패션에서 가장 선호하는 '엣지'와 자신감이 들어 있다. 그래서 패션을 비하하거나 조롱하는 것이 아닌 긍정적인 느낌을 주는 것이다. 실제 그 코너에 출연한 개그맨들은 동일한 콘셉트로 유명 패션지의 화보를 찍는가 하면 럭셔리 브랜드 에트로의 20주년 패션쇼에 초청받아 런웨이에 서기도 했다.

패션이 오글거리는 첫 번째 이유, 과장

패션의 과장은 패션을 패션답게 해주는 가장 기본적인 방법으로 하이패션에서도 쉽게 찾을 수 있다. 미국 패션브랜드 톰브라운의 2012 가을 패션쇼에서는 건장한 남성모델들이 목이 파묻힐 정도로 어깨를 크게 부풀린 재킷과 여성용 스커트를 입고 당당하게 캣워킹을 했다. 과장은 패션을 가로지르는 에센스다.

톰브라운 2012 가을 패션쇼

개그콘서트 〈패션 넘버5〉와 비슷한 시기에 인기를 끌었던 웹툰 〈패션왕〉
은 패셔너블해지고 싶은 사람들이 대회에 참가하여 서로의 패션을 뽐내
는 내용이다.

> 80년대를 풍미했던 아이템 파워숄더를 체육복에 내지해
> 서 당시의 낭만과 추억을 보여주고 있어! 빈티지가 와인
> 과 일맥상통한다는 사실을 알고 있나? 이 티셔츠 또한
> 12년을 숙성시켜 만든 극악의 간지템! 숙성이 되면 될수
> 록 더욱 더 깊은 맛이 우러나는 원단 과학을!
>
> —웹툰 〈패션왕〉 중에서

〈패션왕〉의 과장은 허구가 아니다. 어깨에 패드를 넣어 만든 파워숄더는 80년대 패션 전반을 가장 잘 설명하는 것이고, 12년을 숙성시킨 티셔츠는 하이패션 세계에서도 선호할 만한 아이템이다. 유명 패션디자이너인 후세인 샬라얀Hussein Chalayan이 세간의 관심을 받기 시작했던 것도 이런 숙성의 빈티지함을 패션에 활용했을 때다. 그는 철 가루와 함께 땅에 묻어 숙성시킨 실크 천을 이용해서 제작한 졸업작품인 '탄젠트 플로우'로 크게 주목을 받았다.

패션은 판타지를 향유하는 분야이며 과장은 그 판타지를 만들어내는 가장 좋은 방법이다. 과거에 한 패션회사가 의류 매장의 마네킹이 일반적인 여성의 신체 사이즈를 반영하지 못할뿐더러 소비자에게 잘못된 인식을 줄 수 있다며 평균적인 신체 치수를 토대로 마네킹을 만든 적이 있다. 이러한 시도는 언론과 대중의 긍정적인 반응을 얻는 데는 효과적이었지만 실제 회사의 매출에는 별로 도움이 되지 않았다.

당신이 사고 싶은 옷을 친구 A, B에게 보여줬을 때 그들이 이렇게 답했다고 가정해보자.

  A: 잘 생각해봐. 너의 체형은 마네킹이나 패션모델과 달라. 저 옷을 입는다고 해도 절대 저런 모습이 될 수 없어.
  B: 바짓단을 접어 올려 수선하면 괜찮을 거 같아. 완전히 똑같지는 않겠지만 비슷한 느낌은 나올 거 같은데?

A의 현실적이고 냉철한 조언은 당신의 기분을 상하게 할 것이다. 왜냐하면 마네킹이나 모델 같은 느낌을 낼 수 없다는 건 사실 자신이 제일 잘 알기 때문이다. 패션에 대한 질문에는 '정답'보다는 공감이나 응원을 바라는 마음이 포함돼 있다. '내가 입으면 절대 모델 같은 느낌이 나지 않는다'는 사실은 패션 소비자가 진정 원하는 정보가 아니다. 패션은 즐기고 향유하는 것이므로 이런 환상을 깨뜨리지 않고 용기를 더해주는 B의 대답이 마음에 들 수밖에 없다.

1998년 영국 화장품 브랜드인 더바디샵은 모든 여성에게 바비인형 같은 몸매를 강요하는 사회 인식에 대항하여 '전 세계에는 슈퍼모델 같은 몸매를 가진 8명의 여성과 그렇지 않은 30억 명의 여성이 있다'는 슬로건과 함께 캠페인을 진행했다. 매스컴이나 광고가 흔히 보여주는 패션모델들의 몸은 극소수의 체형이며 현실은 그렇지 않다는 것을 강조하고, 우리 몸을 있는 그대로 돌아보고 받아들이며 사랑하라는 캠페인이었다.

그렇다면 일반 여성의 체형과 엄청난 차이가 있는 마네킹을 사용하는 패션이 지향하는 것은 무엇일까. 방법은 다르지만, 팔등신이 넘는 마네킹을 통해 전하고자 하는 메시지는 더바디샵의 캠페인과 같다. '이것을 입으면 당신도 모델처럼 멋지다. 그러니 자신을 사랑하라'는 뜻이기 때문이다. 다시 말해, 패션은 판타지를 표방하므로 '당신은 30억 명의 여성 중 하나지만 이것을 입으면 8명의 모델보다 멋지다'는 메시지를 전달하는 것이다.

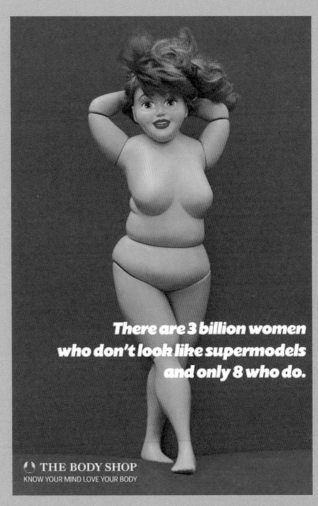

더바디샵 캠페인, 1998

패션모델들의 마른 몸매를 보고 패션분야가 무조건 마른 체형을 선호한다는 단순한 결론을 내리는 것은 실수이다. 거식증의 위험을 알리는 광고나 캠페인 중에는 모델협회 등 패션관련 분야에서 진행한 것이 많다. 2013년 브라질의 모델링 에이전시 스타모델즈가 실시한, 패션일러스트와 거식증 환자들을 비교한 캠페인 '당신은 스케치가 아니다You are not a sketch'가 대표적이다. 마른 것은 목적이 아니라 현실과 다른 느낌의 판타지를 충족시켜주는 하나의 방법일 뿐이다. 패션은 절대 거식증을 연상시키는 분위기를 원하지 않는다. 거식증은 병이고 병은 현실이므로, 이는 패션이 가장 싫어하는 방향이다.

요즘 입을 옷이 없어서 옷을 사야 한다는 말은 진짜 입고 다닐 옷이 하나도 없다는 뜻이 아니다. 이미 익숙해진 현실의 옷이 아니라 패션 판타지를 누리고 싶다는 뜻이다. 그런데 막상 쇼핑을 하러 가면 자신이 이미 가지고 있는 것과 비슷한 스타일의 옷을 사는 경우가 많다. 왜 그럴까. 내 옷장 속의 익숙해진 패션에는 판타지가 없지만 최근 출시되어 새로 전시된, 환한 조명 속 패션에는 판타지가 있기 때문이다. 패션 소비자가 원하는 정보는 보통의 체형이 입었을 때 보이는 물리적인 정보가 아니기 때문에 얼굴이 작고 다리가 긴 마네킹과 패션모델들이 우리가 입을 옷을 선보인다.

패션은 현실을 그대로 보여주기보다 이렇게 과장될 때 의미가 있기 때문에 의도적인 콘셉트가 존재한다. 패션에서 '내추럴natural'을 표현한다고 하자. 이를 문자 그대로 해석하면 무릎이 나온 트레이닝 바지에 보풀이 일어난 티셔츠, 메이크업을 전혀 하지 않은 부스스한 모습이 적당할 것이다. 하지만 이것은 패션에서 말하는 내추럴이 아니다. 패션에서의 내추럴은 내추럴하게 보이기 위한 '꾸밈'을 의미한다. 예를 들어 내추럴 메이크업은 메이크업을 안 하는 게 아니라 최대한 자연스럽게 보이도록 의도적으로 노력하는 기술이다.

패션이 오글거리는 두 번째 이유, 외국어

패션이 오글거리는 첫 번째 이유가 '과장'이라면 두 번째 이유는 '외국어의 남용'이다.

> "엘레강스한 스타일에 시크한 스커트와 블라우스를 입고
> 킬힐을 신은 모델의 아방가르드한 모습은 패셔너블하다.
> 패피들의 F/W 시즌 머스트 해브 아이템으로는…"

한국말에 어눌한 외국인이 쓴 글이 아니다. 권위 있는 패션지에 실린 화보 설명의 일부이다. 왜 패션 분야에서는 외국어를 남용하는 것일까? 결론부터 말하자면 '있어 보여서'이다.

현재 우리가 입는 의복의 기본 패턴은 서양복에서 왔다. 의복의 품목이나 착장에 따른 격식, 옷의 여밈 방법 등 의복의 기본은 모두 서구에서 시작됐다. 또 고대 그리스로마시대의 균형 잡힌 8등신의 비너스는 현대인이 원하는 이상적인 몸의 비율로 변함이 없다. 마른 체형 혹은 육감적인 체형 등으로 선호도는 조금씩 변화하지만 근간을 이루는 몸의 골격

과 비율의 이상적인 미는 고대 그리스로마의 그것과 일치한다.

패션에서 특정 스타일링을 지칭할 때 '…룩'이라는 단어를 사용한다. 예를 들면 군인 패션에서 영감을 얻은 스타일을 밀리터리 룩, 신사 느낌의 깔끔한 스타일을 댄디 룩이라고 한다. 농부를 뜻하는 단어 페전트 peasant에서 온 페전트 룩은 유럽 농민의 소박한 스타일에서 비롯된 것이다. 전통이나 민속을 의미하는 단어 포클로어folklore를 사용한 포클로어 룩은 유럽이나 북미의 전통적인 복장에서 영감을 받은 스타일을 말하고, 타 민족의 문화를 의미하는 단어인 에스닉ethnic을 사용한 에스닉 룩은 서구와 다른 문화권인 중동·아시아 지역의 전통적인 스타일을 지칭한다. 사실 아시아권의 전통 복식에 비춰보면 지퍼나 단추가 아닌 끈으로 여미고 페이즐리 같은 자연 문양을 사용하는 스타일이 '에스닉'하지 않지만, 유럽이나 북미 등 서구의 기준을 따라 우리도 패션에서는 이러한 스타일을 에스닉이라 부른다.

이렇게 패션 스타일 대부분은 서구에서 틀이 잡힌 후 전 세계로 퍼져 나가기 때문에 기존 용어가 거의 그대로 사용된다. 원조에 보내는 신뢰이자 서구인들의 취향에 대한 믿음과도 같은 것이다. 철학이나 명상과 같은 정신적인 분야에서는 서양과 동양의 우위를 견줄 수 없지만, 비주얼 분야에서는 감상 위주로 발달한 동양에 비해 그 감상을 이론으로 풀이하고 개념으로 정립한 서양의 역사가 길다. 자본주의가 먼저 도입된 점도 패션이 서구 중심으로 기준을 잡게 된 원인 중 하나다.

형용사를 비롯한 특정 용어를 많이 생성하는 것도 패션의 특징이다. 추상적인 패션 스타일을 구체화하기 위해 언어가 필요하기 때문이다. 패션 용어는 특정한 이미지를 형성하는 데 영향을 미친다. 예를 들어 유랑집단을 나타내는 단어인 집시와 보헤미안의 경우를 보자. 두 단어의 표면적인 의미는 같지만 패션용어로서 집시 룩보다 보헤미안 룩이 더 선호된다. 보헤미안이 집시보다 세련된 이미지를 갖고 있기 때문이다. 프랑스어 보헴bohème에서 유래한 보헤미안은 본래 프랑스인들이 체코에 사는 집시들을 지칭한 용어로 19세기 후반에 이르러 사회적 관습에 구애받지 않는 방랑자, 자유로운 예술가, 문학가나 배우 등을 가리키는 말이 되었다. 집시보다 더 정제되고 폭넓은 느낌을 갖게 되면서 패션에서도 보헤미안이라는 용어를 선호하게 된 것이다.

패션 아이템을 예로 들어보자. 던들스커트, 주름치마, 개더스커트, 월남치마 중 하나를 가질 수 있다면 무엇을 택하겠는가? 대부분 던들스커트에 관심을 가질 것이다. 사실 이 네 개의 치마는 모두 허리 부분에 바느질을 한 뒤 잡아당겨 만드는 단순한 형태의 주름치마를 지칭한다. 단지 용어에 따라 느낌이 천차만별인 것이다. 오스트리아 처녀들이 주로 입던 데서 비롯된 던들스커트, 모양에 중점을 두고 한글로 이름 붙인 주름치마, 이를 영어로 바꾼 개더스커트, 베트남 전쟁 때 파병 나간 군인들이 아내를 위한 선물로 많이 사온 데서 유래한 월남치마. 이렇게 용어에 따라 느낌이 전혀 다르고, 느낌이 다르기 때문에 서로 다른 옷이라고도 볼 수 있다.

남자친구가 여자친구에게 생일선물을 준비했다고 알려준다. 여자친구의 반응은 용어에 따라 달라질 수밖에 없다. 이를 이해하지 못하는 남자친구는 그게 그거 아니냐며 당황할 수도 있다. 하지만 용어가 다르면 느낌이 다르고 느낌이 다르면 다른 옷이다. 다른 옷이니 반응이 다른 건 당연하다.

또한 용어는 이미지를 만들어주기도 하지만 새로움을 선사해줄 수도 있다. 과거에 일자로 딱 붙는 바지를 지칭하던 펜슬팬츠는 2000년대 들어스키니라는 새로운 명칭으로 인기를 끌었고, 야구모자는 스냅백이라는 용어를 만나 더 패셔너블하고 세련되게 인식되었다. 소비자들은 과거부터 존재했던 아이템에 새로운 용어가 붙을 경우 새로운 패션으로 인식하고 선호하는 경향을 보인다.

외국어 남용의 또 다른 이유는 가독성에 있다. 가독성이 좋은 쪽이 아니라 좋지 않은 쪽을 패션은 선호한다. 명백한 것은 부담스러우며 재미가 없기 때문이다. 또 확장될 수 없기 때문에 매력적이지 않다. 한글에 비해 명확하게 전달되지 않는 외국어의 모호
한 느낌이 스타일리시해 보일 수 있는 것이다. 예를 들어 스냅백 디자인은 포스force 있는 느낌을 주기 위해 거칠고 강렬한 문구를 써놓는 경우가 있다. 그런데 한글로 '포스'를 넣으면 당차고 반항적인 느낌은커녕 코믹하고 장난스러운 느낌만 줄 것이다. 여성 티셔츠에 적힌 'I'm not your baby'를 한글로 바꿔 입는다고 상상해보자. 기존의 섹시하고 도발적인 느낌은 없어지고 사람들의 이상한 시선을 경험하게 될 것이다. 이는 외국인들이 모국어인 영어를 두고 한자나 한글로 문신하는 것과 같은 논리다. 미국의 유명 팝가수 브리트니 스피어스가 '신흥호남향우회'라는 글씨가 새겨진 녹색 원피스를 입어 화제가 된 적이 있다. 브리트니에게는 영어로 쓴 지명보다 호남향우회가 더 패셔너블하게 느껴졌을 것이다.

언제부터인가 속어로 '오글거리다'라는 말이 자주 쓰인다. 어떤 말이나 행동이 자연스럽지 않고 과장되었을 때 느껴지는 낯간지러운 감정을 통칭하는데, 그 오글거림이 바로 패션의 알맹이다. 현실을 그대로 보여주기보다 이미지를 만들고 그 이미지를 향유하는 것이 패션이다. 이러한 오글거림이 불편하다면 패션과 멀어지는 것이다. 패션과 가까워지고 싶다면 그 오글거림을 즐겨라.

옷장의 무게
깃털보다 가볍다

'패션은 무엇인가'라는 질문을 '인생은 무엇인가'처럼 심오하게 받아들이면 패션에서 가장 싫어하는 형용사인 '촌스러운' 답이 나올 것이다. 차라리 현재 입고 싶은 스타일, 매장에서 사고 싶은 옷과 액세서리, 선호하는 아이템 등을 말하는 편이 낫다. 물론 이 질문엔 정답이 없다. 패션은 지속적으로 움직이고 변화하는 흐름이기 때문이다. 패션은 옷이라는 구체적인 물품이 아닌 이미지이며 경향, 즉 트렌드에 가깝다.

이야기가 담긴 배경보다 스튜디오에서 찍은 패션 화보가 많은 이유는 스튜디오가 피상적 공간이어서다. 스튜디오의 피상성은 착장한 스타일을 가장 효과적으로 보여주고 일상과 다른 판타지를 표출한다. 또 패션을 가볍고 세련되게 만든다. 그래서 패션에서는 무엇인가를 설명해주는 친절한 태도보다 무심한 태도가 더 선호된다. 패션 화보에 웃는 표정보다 무표정하거나 시크한 표정이 많은 것도 이 때문이다.

패션은 내재된 의미를 끌어오지 않는다. 이는 예술과의 비교를 통해 극명하게 드러난다. 해골 모티브를 예로 들어보자. 예술에서 해골은 삶과 반대되는 의미로 죽음이나 허무 등을 내포한 대상이다. 중세시대 삶의 무상함을 나타내던 정물화 '바니타스 바니타툼'의 주된 아이콘은 해골이고, 상징주의자 구스타프 클림트의 〈죽음과 삶〉 속에도 해골이 등장

〈바니타스vanitas로서의 해골〉, 하르멘 스텐베이크, 1640

〈죽음과 삶Death and Life〉, 구스타프 클림트, 1911

한다. 클림트 이후에도 많은 상징주의 작가들이 죽음의 모티브로 해골을 사용했다. 현대에 들어서 앤디 워홀의 '죽음과 재앙' 시리즈 중 〈해골〉은 다른 정물 없이 해골 이미지만 화면에 채워 삶의 허무함을 나타내고 반복되는 일상으로서 죽음의 의미를 강조했다.

티셔츠는 티셔츠일 뿐

그렇다면 패션에서의 해골 모티브는 어떨까? 패션에서 해골은 스카프나 팔찌 같은 액세서리 혹은 옷의 패턴으로 자주 사용된다. 하지만 예술 작품에서처럼 모티브 속 의미를 창출하지 않는다. 이미지를 활용하는 데 집중할 뿐 모티브 자체에는 특별한 의미를 부여하지 않는 것이다. 하이패션 브랜드인 알렉산더 맥퀸의 해골 스카프나 뱅글, 비비안 웨스트우드의 해골 팔찌에서 무엇이 느껴지는가? 삶의 반대 의미로서의 죽음과 무상함? 그렇지 않다. 그냥 멋질 뿐이다. 대중에 어필하는 주류 패션은 절대 무거운 의미를 담지 않는다.

패션의 피상성에 대해 알아보기 위해 예술과 패션에서 모티브를 활용하는 예시를 좀 더 들어보자. 예술은 눈에 보이는 비주얼 이면의 스토리까지 예술의 영역에 넣기 위해 노력해왔다. 오브제에 내포된 의미를 확장시켜 힘을 발휘하게 하는 것이다. 그래서 기존 예술에 대한 반항을 표출하는 다다이즘이나 네오다다이즘과

같은 사조들은 의도적으로 의미를 제거하려는 시도를 보였다.

〈깃발Flag〉, Jasper Johns, 1954-55

네오다다이즘의 거장 재스퍼 존스는 전통적 예술에 반하는 활동 자체를 창조 행위로 여기고 일상의 사물을 아트 오브제로 적극 활용했다. 그는 국기나 숫자, 표적과 같은 사물을 의미 없이 단순 배열하여 보여줬다. 성조기를 그린 작품 〈깃발〉은 누구나 알 수 있는 가장 대중적인 기호이자 한 나라의 상징물인 국기를 그렸지만 애국심과 같은 감정적 요소를 배제하여 이것이 깃발인지 깃발 그림인지에 대한 문제를 제기했다. 이 경우엔 전통적 예술에 대한 적극적인 반항이라는 예술가의 시도나 행위 자체를 예술로 인식하게 한다.

성조기 패션

그렇다면 패션은 어떠한가. 우리 앞에 성조기가 그려진 셔츠를 입은 소녀가 있다고 가정해보자. 그녀가 애국자처럼 보일까? 전혀 그렇지 않을 것이다. 레드와 화이트 스트라이프 패턴에 별무늬가 조화된 티셔츠를 입었을 뿐이다. 예술에서 오랫동안 의미 부여에 대한 고찰을 지속해온 데 비해 패션에서는 모티브에 의미를 부여하지 않고 피상적인 이미지를 활용하는 것을 당연시해왔다.

의미의 피상성은 패션이 가진 에너지의 원동력이다. 무거우면 흐를 수 없다. 장소를 정해 깊숙이 파서 정착하려 하면 힘을 잃는다. 클래식이나 복고의 영향력도 흐름을 통한 반복에서 오는 것이지 과거에 머물렀다는 사실 자체에서 오는 것은 아니다. 창작자가 굳이 의미를 없애기 위해 애쓸 필요조차 없다. 패션의 영역에서 모든 의미는 자연스럽게 피상화되고 이는 곧 패션이 된다.

의미를 부여하지 않기 때문에 사회적으로 제재가 적다는 특징도 있다. 민감한 분야인 종교에 대한 접근도 상대적으로 자유롭다. 이탈리아 패션 브랜드 베네통은 신부와 수녀가 키스하는 콘셉트의 광고를 패션지에 실었던 적이 있다. 일각에서는 볼멘소리도 있었지만 패션이라는 이유로 용납되었다. 반면 미국 맨해튼에서 한 예술가가 백인 남성 모습의 예수 대신 흑인 여성이 매달린 십자가상 그림을 전시했을 때는 전혀 결과가 달랐다. 그 예술가는 '하나님이 우리 죄를 사하기 위해 독생자 예수를 지상에 내려보내셨다면 당시 가장 고통받던 인간의 모습으로 내려보내셨을 것'이라고 작품의 의도를 설명했지만 당시 뉴욕 시장이었던 루돌프 줄리아니는 그의 모든 그림을 철거했다. 실제로 일어났던 심각한 스토리가 희석되며 용납되는 경우도 있다. 내전에서 사망한 젊은 병사가 입었던 피 묻은 옷 그대로를 가지고 베네통이 패션광고를 찍은 적이 있다. 끔찍한 전쟁과 그 안에서 희생된 젊은 병사의 옷을 패션화보 안으로 밀어 넣은 것에 대해 비난의 목소리도 많았지만 별다른 제약 없이 패션

잡지들에 사용되었다. 앞서 한 도시의 시장이 무명 예술가의 작품을 모두 철거했던 것에 비하면 눈도 깜짝 않는 처사이다.

금기는 없다

성적인 표현도 패션에서는 자유롭다. 섹슈얼리티는 패션에서 가장 효과적이고 중요한 덕목 중 하나다. 패션 브랜드 구찌가 진부하고 심심한 브랜드로 전락하고 있는 것이 아닌지 걱정스러웠던 시절, 젊은 디자이너 톰 포드는 섹슈얼리티를 강하게 표방하는 방식으로 브랜드 이미지를 젊게 만들고 매출을 끌어올리는 데 성공했다. 그는 입생로랑도 같은 방법으로 성공시켰으며 자신의 이름을 딴 브랜드에서도 포르노그래피를 연상시키는 광고를 만들어 대중에게 이름을 알렸다.

특히 패션회사들의 향수 광고는 섹슈얼리티의 수위가 유난히 높다. 향수의 키워드는 매력인데, 타인을 끄는 힘으로 섹슈얼리티만 한 것이 없기 때문이다. 입생로랑의 향수 'M7'의 2002년 광고는 남성 모델이 나체로 성기를 그대로 드러낸 채 앉아있지만 각종 패션 잡지에 아무런 문제없이 실렸다. 캘빈클라인의 향수 '옵세션' 광고에는 나체의 남녀 모델이 마주 선 채 그네를 타고 있다. 이 광고는 지면뿐 아니라 영상으로도 만들어졌는데 감각적이면서 섹시하다는 평을 받아 매출 상승에 크게 기여했다. 향수 '버버리 바디' 광고에는 영화 〈트랜스포머 3〉의 여주인공 로지 헌팅턴 휘틀리가 나체로 버버리의 대표 아이템인 트렌치 코트를 풀어 헤친 채 누워있다. 이 사진이 영화를 홍보하는 사진이었다면 쉽게 잡지에 실리지 못했을 것이다.

잡지 〈맥심〉이 2015년 9월호에 배우 김병옥이 여성을 납치해 자동차 트렁크에 태운 모습을 표지에 실어 문제가 된 적이 있었다. 범죄영화 속 한 장면처럼 실제 여성이 납치되는 상황처럼 보여 많은 사람들이 이를 비난했다. 같은 콘셉트라도 이를 '패션답게' 연출했다면 어땠을까. 여성의 발목은 공구용 청테이프가 아니라 샤넬 가방의 체인으로 묶였을 것이며, 그 앞의 남성 모델은 한껏 과장된 포즈를 취하고 있을 것이다. 그리고 무엇보다 배경은 야외가 아닌 스튜디오일 것이다. 이런 식으로 패션의 속성인 '판타지'를 뚜렷이 느끼게 했다면 이 표지는 대중에 받아들여졌을지도 모른다. 그러나 현실감이 느껴지는 이미지는 경우에 따라 우리를 불편하게 만들고 그래서 비판이 가능하다.

또한 패션이 세계에 접근하는 방식은 용어의 사용에서도 알 수 있다. 예를 들어 특정 단어에 접두어 안티anti를 붙이면 적극적인 반대 성향을 나타내는 합성어가 된다. 1914년 마르셀 뒤샹은 미술에 대한 선입관에 맞서고자 실험적 작품을 통해 반예술의 개념을 실현하는 '안티-아트'라는 용어를 사용했다. 1917년 뉴욕 전시에서 남성용 소변기에 〈샘〉이라는 제목을 붙여 출품했으나 전시를 거절당했고, 1919년에는 레오나르도 다 빈치의 〈모나리자〉 복제화에 연필로 수염을 그려 넣었다. 이 그림에는 〈L.H.O.O.Q〉라는 제목을 붙였는데, 이를 불어로 발음하면 '그녀는 뜨거운 엉덩이를 가졌다'는 뜻으로 성적인 의미를 갖는다. 패션에서도 안티는 많이 사용되는 용어지만 예술에서처럼 도전적인 의미는 아니다. 안티란 용어가 빈번하게 사용된 것은 90년대 그런지 패션을 비롯한 특정 하위문화의 스타일을 지칭하면서부터였다. 당시 찢어지고 해진 스타일을 안티패션이라 칭했는데, 유행하던 용어를 붙여 가볍게 사용했을 뿐 패션 전반에 대한 반감이나 도전의 의미는 아니었다.

앞서 언급한 것처럼 패션은 특정한 모티브를 피상적 문양으로 사용하는데, 모티브를 강조한다 하더라도 그 의미보다는 이미지를 활용한다. 이는 특히 소속 집단의 이미지를 규정하려는 성격이 강한 하위문화에서 쉽게 볼 수 있다. 과거 하위문화에 머물러 있던 펑크를 주류 패션으로 가져온 사람은 영국의 패션 디자이너 비비안 웨스트우드였다. 비비안 웨스트우드는 남편이자 인기 록그룹 섹스 피스톨스의 매니저였던 말콤 맥라렌과 패션숍을 운영했는데 펑크를 대중적이고 세련되게 스타일링해 호평을 받았다. 삐죽삐죽한 헤어에 '파괴destroy'라는 문구와 나치 문양까지 새겨진 티셔츠를 입은 비비안 웨스트우드의 패션이 주류로 올라올 수 있었던 건 의미가 아닌 '이미지'를 피상적으로 가져와 패션으로 만들었기 때문이다. 이는 옹호와는 다르다. 비비안 웨스트우드는 나치 문양에 대한 정확한 인식이 있었고 그 나쁜 이미지를 이용해 새로운 패션을 선보였다. '이거 나쁜 거다, 멋지지?'라는 장난질은 패션이 선호하는 방식이다.

전쟁 대신 밀리터리 룩

그렇다고 패션이 나쁜 것을 무조건 방임하고 모든 것을 가볍게 수용하는 영역이라고 오해해서는 안 된다. 디올의 수석 디자이너 존 갈리아노는 프랑스 파리의 한 술집에서 식사를 하던 중 다른 테이블에 있던 유대인 여성과 동양계 남성에게 인종차별적인 발언을 하고 히틀러를 사랑한다는 등의 비도덕적 언사로 파문을 일으켰다. 그러자 디올 대표인 시드니 톨레다노는 "갈리아노의 발언은 디올이 지켜온 가치에 완전히 반하는 것"이라며 그의 태도를 즉시 비난했다. 존 갈리아노는 큰 비난을 받고 곧장 해임됐으며 3년 후 메종 마르지엘라로 컴백하기 전까지 어떤 활동도 없이 자숙의 시간을 가져야 했다.

이렇듯 패션이 표현하고자 하는 대상을 분명히 인지한 상태에서 그것이 '패션임'을 명확히 드러낸다면 가벼움은 단점이 아니라 특징이 되고 그 특징으로 힘을 가지게 된다. 밀리터리 스타일을 선보이거나 전투 콘셉트의 화보를 찍는다고 전쟁을 옹호하는 게 아니다. 럭셔리 브랜드 샤넬의 수석 디자이너 칼 라거펠트가 중저가 패션 브랜드 H&M과 컬래버레이션을 했다고 샤넬의 브랜드 가치가 떨어지는 것도 아니고, 에르메스가 파격적인 스타일의 디자이너 장 폴 고티에를 영입했다고 이미지가 훼손되는 것도 아니다. 이는 모두 새로운 시도이고 변화다. 변화는 패션의 본질이다. 전쟁을 치르고 있는 나라들에게 패션은 조언한다.

"싸우는 대신 밀리터리 룩을 멋지게 입어보는 것은 어때?"

옷장의 속도
현실을 넘어선다

초현실주의는 무의식이나 꿈의 세계를 표현하는 20세기 예술 사조로 1920년대 많은 예술가들이 이에 대한 글이나 작품을 선보였다. 초현실주의 작가들은 아무 계획이나 생각 없이 손이 가는 대로 그림을 그리는 자동기술법automatic drawing으로 무의식을 표출하거나 대상에 상징을 부여하는 새로운 해석을 했다. 이들은 눈에 보이는 틀에서 벗어나는 것이 문제를 풀어나갈 수 있는 원동력이라고 느꼈다. 고정관념을 깨뜨리고 의식을 확장할 수 있는 새로움은 생활에서 온다고 생각했으며 이를 통해 삶이 더 재미있어질 거라고 믿었다. 초현실주의자들이 패션에 관심이 많았던 것도 이러한 깨달음이며 실행이었다.

엘사 스키아파렐리(왼쪽)와
살바도르 달리

초현실주의 대표 화가인 살바도르 달리 역시 패셔니스타였다. 그는 콧수염을 독특하게 손질하고 머리를 깔끔하게 뒤로 넘기는 스타일을 선호했다. 평상시에는 정갈하게 슈트를 차려입었고 사람들이 많이 오는 자리에는 아방가르드한 느낌으로 스타일링했다. 그는 패션 디자이너 엘사 스키아파렐리와 친분이 두터웠다. 스키아파렐리는 위트 있고 새로운 패션들을 선보였는데, 예를 들면 신체 안에 있는 골격을 밖으로 내보이는 드레스를 만들거나 신발을 모자로 만들어 머리에 올렸다. 또 당시 가방이나 신발에만 사용되던 지퍼 장식을 옷에 자연스럽게 활용했으며 밝고 선명한 분홍색을 '쇼킹 핑크'라 칭하며 다양한 패션 컬러로 활용했다.

익숙하지만 어딘가 낯선

우리 감정의 대부분은 경험에서 온다. 새로움도 처음 접하는 대상 자체에서 오는 것이 아니라 경험과의 차이에서 온다. 손톱만 한 크기의 초밥과 햄버거 미니어처가 귀여운 이유는 우리가 이들의 원래 사이즈를 알고 있기 때문이다. 단지 크기가 작아서 귀엽다면 모든 단추가 귀여워야 한다. 초현실주의 화가들은 이를 이용했다. 일상적 질서에 놓여 있던 물체를 의외의 장소에 놓아 심리적 충격을 주는 데페이즈망dépaysement을 통해 낯선 이미지들을 표현한 것이다. 당시 패션 화보에는 이러한 특징이 잘 나타나 있다. 사람의 손이 머리 위에 달려있거나 나체의 몸에 패턴을 그려 넣어 인체를 사물화하는 방법, 같은 화면 안에 배치한 두 사람의 크기에 비현실적인 차이를 주는 방법 등 초현실주의 기법이 패션 화보에 줄지어 등장한다.

이 시기에 패션 사진작가들이 많이 사용한 오브제는 마네킹이었다. 사람의 형체와 닮은 마네킹은 상상이나 감정이 이입되는 대상이자 패션의 판타지를 만들어주는 도구이기도 하다. 패션에서 마네킹을 다루는 방법을 보면 패션의 특성을 이해할 수 있는데, 마네킹의 필수요건 중 하나는 인위성artificial이다. 이 인위성이 없다면 오히려 기괴하고 불편한 느낌을 준다. 어릴 때 가지고 놀던 인형을 예로 들어보자. 인형은 우리의 모습을 닮았다. 사람은 익숙함 속에서 호감을 느끼기 때문에 우리는 인형에 옷을 입히거나 머리를 빗기고 놀았다. 그런데 그 익숙함은 커질수록 좋은 걸까? 만약 인간과 비슷한 크기에 인간의 피부 같은 촉감이 느껴지는 인형이 있다고 상상해보자. 오히려 기이한 느낌이 들 것이다. 즉, 비슷하지만 여전히 명백한 차이가 인식되는 선에서는 호감을 느끼지만 그 이상이 되면 오히려 불편함과 공포감이 커진다. 여성의 몸매에 대한 편견을 불러일으킨다는 바비인형의 비현실적인 몸매는 사실 우리가 적당한 호감을 가지고 편하게 놀 수 있는 필수요소인 것이다. 이와 마찬가지로 마네킹은 인간의 모습과 비슷하지만 딱딱한 재질이나 인조모, 표정을 드러내지 않는 얼굴 등이 이를 인위적으로 만들어준다.

마틴 마르지엘라 2007 봄 패션쇼

이렇게 익숙함 속에서 변화를 만들어낸다면 파격적이면서도 매력적인 패션이 가능해진다. 이를 위해 효과적인 스타일링 중 하나는 사람들의 상상력을 이용하는 것이다. 2007년 부천국제판타스틱 영화제에서 배우 장미희가 마틴 마르지엘라 의상을 입어 화제가 된 적이 있다. 당시 그녀가 선택한 드레스는 알몸 위에 검은색 브래지어를 입은 듯한 모양이다. 심플하지만 누드를 연상시키는 이 의상은 착시를 불러일으키며 관심을 끌었다. 여배우의 매력인 섹시함도 강조하면서 위트 있는 선택이었다. 만약 진짜 나체 상태로 검은색 브래지어를 착용했다면 이런 독특한 매력이 반감됐을 것이다. 종종 신인 여배우들이 관심을 얻기 위해 레드카펫에서 파격적인 스타일링을 선보이는 경우가 있다. 파격을 눈에 보이는 것으로만 이해하고 신체를 드러내는 일차적인 섹시함으로 공략하다 보니 식상하거나 '투머치too much'한 경우가 많다. 사람들의 상상을 이용하는 센스를 발휘하는 게 훨씬 효과적일 수 있다.

이상을 현실로 끌어오다

패션이 초현실주의에 영감을 얻고 관심을 갖는 이유는 에로티시즘과도 관련이 있다. 패션의 가치는 시장에서 결정되기 때문에 대중의 관심이 필수적인데 섹슈얼리티를 어필하는 것은 매우 효과적이다. 초현실적 자극에 에로틱함이 더해져 새로움을 불러일으키는 사례는 패션광고에서 쉽게 볼 수 있다. 하나에 몰입되는 자극은 집착의 정도에 따라 페티시즘적 자극과 연결된다. 손이나 다리 등 신체 일부에 빛을 조절하면 새로운 자극이 되어 에로틱한 패션 사진이 된다. 마틴 마르지엘라의 패션쇼에서는 모델들의 다리 부분에만 조명을 비춤으로써 에로틱한 분위기를 연출했고, 커다란 쇼핑백 속에 다리만 보이는 마크 제이콥스의 잡지 광고는 신비로우면서 섹시한 장면을 연출했다.

패션이 추구하는 이미지는 결국 판타지다. 패션은 현실과 가장 먼 이상을 추구하고 그 이상을 현실로 끌고 와서 향유한다. 패션과 초현실주의

패션사진작가 기 부르댕의 패션사진

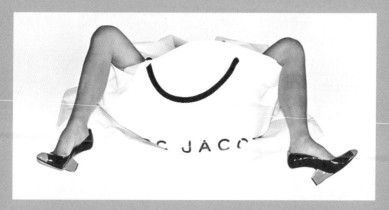

패션브랜드 마크 제이콥스의 광고사진

가 일맥상통하는 것은 현실 안에서 현실이 아닌 판타지를 지향하기 때문이다.

'해외여행을 즐기고 예술 감각이 있는 전문직 고소득의 20~30대'는 패션 브랜드에서 흔히 볼 수 있는 소비자 타깃이다. 하지만 '감각 있는 전문직 고소득'과 '20~30대'는 사실 양립하기 힘든 조건이다. 20~30대는 젊고 아름다운 외모를 가진 연령대이기는 하지만 사회생활을 시작한 지 얼마 되지 않고 경험이 많지 않기 때문에 소득이 높고 감각을 갖춘 계층이기에는 한계가 있다. 패션 기업들이 이런 양립하기 힘든 조건을 내거는 이유도 패션의 본질이 판타지이기 때문이다. 실제의 나보다 젊어 보이고 감각도 있으며 능력도 있어 보이고 싶은 사람들의 일반적인 심리는 이렇다.

'저 가방을 부유하고 감각 있는 젊은 도시여성들이 든다고 하네. 나도 남들에게 그들처럼 보이고 싶어. 그러니 내 형편에 조금 무리기는 하지만 돈을 모아 저 가방을 사서 들고 다니고 싶다.'

그래서 패션 제품의 소비자 타깃은 실제 구매하려는 소비자라기보다 그것을 구매하고자 하는 사람들이 이상적으로 생각하는 이미지를 표상한다. 국내 패션브랜드 타임의 소비자 타깃은 '20~30대의 전문직을 가진 고소득층 여성'이며 남성복 라인인 타임옴므는 '25~35세의 전문직, 예술, 문화, 패션업계 종사자'이다. 그리고 여성복 마인은 '20대 대학생 및 페미닌 로맨티시즘을 추구하는 커리어우먼'이다. 이들 브랜드의 가격대는 보통의 20대가 구매하기엔 대부분 부담스러운 수준이지만 회사는 이처럼 소비자 타깃 연령층을 구체적으로 제한하고 있다.

과거에는 소위 명품이라 불리는 럭셔리 가방을 들고 있으면 부유해 보였다. 비싸서 구매하지 못하면 '짝퉁'이라도 구매하려는 사람이 많았다. 하지만 지금은 럭셔리 상품 자체가 아니라 럭셔리 상품에 대한 태도가 이미지를 형성한다. 패션계에는 우스갯소리로 비가 올 때 들고 있던 명품 가방으로 비를 막으면 진짜 부자고 가방이 비에 젖지 않도록 안고 뛰면 부자가 아니라는 말이 있다. 또 샤넬의 스테디셀러인 퀼팅 핸드백 중 핑크색을 구매한 사람은 부자라는 설도 있다. 고가의 가방을 구매할 때 튀는 색상을 고른다는 것은 이미 클래식한 색상의 가방은 갖고 있다는 뜻일 수 있기 때문이다. "럭셔리는 매우 비싼 옷을 입고 티셔츠의 편안함을 느끼는 것"이라는 칼 라거펠트의 말처럼, 최근에는 럭셔리 아이템을 구매하는 데서 나아가 자신을 위해 이를 익숙하게 사용하는 이미지가 선호된다.

옷장의 범위
제한 없이 섞는다

'믹스매치, 퓨전, 컬래버레이션, 하이브리드, 컨버전스…'

이 단어들은 약간의 차이는 있지만 '섞는다'는 의미를 나타낸다는 점에서 공통적이다. 제품의 기능성을 높이기 위해 다양한 요소를 섞는 것은 공학 계열뿐만 아니라 패션 분야에서도 자연스럽게 사용되고 있다. 패션 자체가 조합이고 융합이기 때문에 서로 다른 것을 합치는 행위가 어색하지 않고 섞이는 대상들의 관계나 섞는 방법 역시 문제가 되지 않는다. 패션 분야에서는 매 시즌마다 컬래버레이션이 활발하게 이뤄지고 있다. 패션끼리의 조합은 물론이고 패션과 공학, 패션과 예술, 패션과 대중스타의 만남 등 다양한 영역에서 협업을 이루며 새로운 동력을 찾는 데 집중하고 있다.

샤넬이 H&M을 만났을 때

2002년 럭셔리 브랜드 루이비통이 일본의 네오팝 아티스트와 협업하여 화제가 되었다. 당시 루이비통이 선택한 아티스트는 평소 일본의 B급 대중문화 코드를 통해 작품을 진행하던 무라카미 다카시. 섬세한 방법으로 미를 추구하며 삶의 수준을 높이는 것에 초점을 둔 것이 엘리트 문화이자 예술이라면 B급 문화는 이와 반대로 저속함을 추구하는 예술이다. 무라카미 다카시의 작품들은 외설성이 강하고 가벼운 작품이 주를 이뤄 루이비통의 고급스러운 분위기와 완전히 상반되는 것이었다.

하지만 패션에서 이러한 조합은 효과적일 경우가 많다. 고급스러움을 추구하는 패션이 자칫 빠지기 쉬운 함정은 특정 궤도에 올랐을 때 트렌드를 따르는 속도가 느려지고 그에 따라 올드해지는 것이다. 저 높은 곳에 올라갔는데 선망의 대상이 된 게 아니라 단순히 대중과의 거리가 멀어진 결과가 되어 사람들의 관심에서 사라지는 경우다. 이때 효과적인 방법은 파격을 통해 젊어지고 다시 생동감을 불어넣는 것이다. 당시 루이비통의 수석 디자이너였던 마크 제이콥스는 일본의 B급 문화 아티스트와 성공적인 컬래버레이션을 이뤄냈다. 루이비통 모노그램과 무라카미 다카시의 키치한 프린트가 하나로 융합되면서 사람들의 관심을 끌고 자연스럽게 매출로 이어졌다. 버킨백으로 유명한 럭셔리 브랜드 에르메스도 이미지 쇄신을 위해 장 폴 고티에를 수석 디자이너로 영입했었다. 평소 파격적이고 독특한 패션으로 주목받던 패션계의 악동 디자이너와 전통적이고 고전적인 이미지의 럭셔리 브랜드의 조합은 성공적이었고 장 폴 고티에는 2010년까지 에르메스를 훌륭하게 이끌어냈다.

패션 기업이 수석 디자이너를 영입하는 방식도 다른 분야와 차이가 있다. 자사 브랜드에 적합한 디자이너가 있다면 그가 타 브랜드의 수석 디자이너로 일하고 있더라도 자리를 제안할 수 있다. 그리고 디자이너 역시 여러 브랜드의 디자이너를 동시에 역임할 수 있다. 실제 럭셔리 브랜드의 수석 디자이너들을 보면 몇 개의 브랜드를 동시에 맡고 있는 경우가 많고 자체 브랜드를 운영하는 경우도 다반사다. 마크 제이콥스는 루이비통 디자이너로 일하는 중에 자신의 이름을 내건 브랜드 마크 제이콥스와 세컨드 브랜드 마크 바이 마크 제이콥스 디자이너로 활동했다. 칼 라거펠트도 1965년부터 지금까지 펜디의 수석 디자이너로 활발하게 활동하면서 1984년 이후부터는 샤넬의 수석 디자이너로도 활동하고 있다. 그는 또한 자신의 이름을 브랜드로 걸어 1975년 라거펠트 향수를 만들었고 1998년 라거펠트 갤러리를 론칭했다. 2004년 겨울에는 스웨덴의 스파SPA 패션 브랜드인 H&M과 컬래버레이션을 했는데, 샤넬에서 느껴지는 고급스러운 디자인을 H&M의 저렴한 가격대에 선보였다.

럭셔리 브랜드 샤넬과 중저가 브랜드 H&M의 가격대는 천지차이다. 하지만 샤넬의 디자이너가 H&M 제품을 디자인했다고 샤넬의 이미지가 하락하는 것은 아니다. 비슷한 스타일에 심지어 같은 수석 디자이너가 디자인한 옷이 엄청난 가격 차이로 선보이는 것에 대해 패션시장은 아무런 거리낌이 없다. 샤넬을 선호하는 사람들은 샤넬에 집중할 뿐이기 때문이다. 그들은 샤넬이 H&M보다 비싸서 선호하는 것이 아니다. 가끔 패션을 오해하는 사람들이 럭셔리 브랜드가 고가이기 때문에 선호된다고 생각하는데 패션은 가격을 내세우는 분야가 아니다. 고급을 지향하는 브랜드는 많아도 고가를 지향하는 브랜드는 없다. 샤넬을 선호했던 사람들은 샤넬의 비싼 가격이 아니라 이미지를 향유했던 것이고 그래서 동일한 디자이너가 다른 브랜드에서 비슷한 스타일을 저렴하게 선보인다고 해도 별다른 관심을 가지지 않는다. 물론 비난하지도 않는다.

옷장의 자세
눈치 보지 않는다

여성 두 명이 쇼핑을 하고 있다. 그들의 대화를 엿들어보자.

A: 와, 저 치마 예쁘다! 가격도 저렴하네.

B: 너한테 잘 어울리겠다. 한번 입어봐!

A: 됐어, 나 치마 안 입잖아.

B: 에이, 이 기회에 하나 장만해봐. 너한테 잘 어울릴 거 같은데?

A: 음… 고민되네.

B: 뭐가? 가격도 저렴하고 너랑 잘 어울리는데. 게다가 단정한 스타일이어서 무난해.

A: 스타일이 문제가 아니라 내가 평소에 치마를 안 입잖아. 갑자기 치마를 입고 나타나면 사람들이 이상하게 생각하지 않을까?

B: 뭐 어때! 마음에 들면 된 거지. 365일 내내 저 치마만 입고 다닐 것도 아닌데.

A: 평소에 입지도 않던 치마를 입었다가 남들이 괜히 오해할 수도 있잖아. 남자친구도 없는데 연애 시작했냐고 물어볼 수도 있고.

B: 휴… 치마 하나 입는 거 가지고 너도 참 피곤하게 산다.

사소한 것이지만 하고 싶은 것을 실행에 옮기지 못한다면 이러한 태도는 성격이라기보다 버릇이다. 타인의 평가를 우선적으로 신경 쓰는 것이 몸에 밴 것이다. 이는 이타적이거나 이해심이 많은 것과는 다르다. 이해심이 상대방을 고려하고 생각하는 넓은 아량을 의미한다면, 타인의 평가에 민감해서 소극적으로 행동하는 것은 비판을 받지 않으려는 자기방어이기 때문이다. '사실이 아닌데 남들이 그렇게 생각하면 억울하잖아. 차라리 그 사람 생각처럼 내가 의도한 것이라면 억울하지나 않지!' 이렇게 타인의 오해에 민감하고 자기를 방어하는 것은 자신의 이미지나 평판에 피해를 입지 않으려는 것이다.

우연히 학생들의 이야기를 들었다. 친구와 카톡으로 대화를 하다가 이만 끝내고 싶을 때 어떻게 할지 모르겠다는 것이다. 대화를 그냥 뚝 끊으며 나중에 보자고 하면 너무 삭막하게 느껴질 것 같다는 것이다. 친구들끼리 가볍게 안부를 묻는 카톡 대화에서까지 자신의 '나이스함'이 손상될까 봐 걱정하는 학생들을 보면서 친절보다는 갑갑함이 느껴졌다.

이미지나 평판은 추상적이며 상황이나 위치에 따라 바뀐다. 이것이 바뀌고 움직이는 것이 당연하다는 사실만 알아도 사소한 것에 매달리는 버릇이 완화된다. 움직이는 곳에서는 움직이는 대상이 편안하다. 흔들리는 배 안에서는 흐름에 몸을 맡기면 피로가 덜하고 바람이 심하게 부는 곳에서는 나뭇가지보다 갈대가 안전하다. 역동적인 사회 안에 사는 구성원으로서 함께 움직인다면 사소한 스트레스는 줄어들 수 있다.

가볍게, 자연스럽게, 유연하게

타인의 평가에 유연하게 대처하는 방법을 배우고 싶다면 패션에 관심을 가져라. 패션은 시즌마다 바뀌며 역동적이고 에너지가 있다. 패션에는 다양한 취향이 존재하고 더 나은 스타일링에 대한 기준도 없다. 자유롭게 즐기다 보면 필요 없는 고정관념을 깨고 자신을 드러내는 데 익숙해질 것이다. 마오쩌둥 시계를 착용하거나 체 게바라가 그려진 티셔츠를 입은 사람이 있다고 하자. 그들은 사회체제에 불만이 있는 사람일까? 아니면 특정 정치색을 드러낸 걸까? 패션의 의미에서 보면 이 시계와 티셔츠는 정치와 무관하며 그냥 멋을 위한 것이다. 작은 것에 의미를 부여하는 것은 건강한 방식으로는 삶을 풍요롭게 만들 수도 있지만 잘못하면 삶을 제한되게 만들기도 한다.

경우에 따라서는 내포된 의미를 찾으려 하기보다 보이는 대상을 그대로 받아들이며 자연스럽게 흘려보내는 것이 적합할 때도 있다. 이러한 태도는 삶의 무게를 줄여주며 재미를 부여해준다. 이것의 가장 적절한 예

시가 패션이다. 패션에 관심을 가지기 시작하면 작은 스트레스에 몰입하는 버릇이 줄어들고 적극적이며 열정적인 태도로 변화하는 것을 느낄 것이다.

우선 자신이 고수해야 하는 것과 자신을 짓누르는 관념을 구별하자. 클래식이나 빈티지는 시간이 지날수록 가치가 빛나지만 유행이 지난 옷은 그 가치가 소멸되고 만다. 채우는 동시에 비우는 연습을 하고, 매사에 유동적인 태도를 취한다면 사소한 스트레스는 점차 사라질 것이다. 작은 변화가 두려워서 원하는 것을 하지 못한다면 즐길 수 있는 것역시 한정적일 수밖에 없다.

패션을 즐겨라. 그리고 삶을 즐겨라!

거칠고 헝클어진 헤어스타일은 콘셉트로 느껴지면 세련돼 보인다. 하지만 콘셉트로 느껴지지 않으면 '안 감은' 또는 '안 빗은' 느낌을 준다. 헝클어진 헤어를 콘셉트로 보이게 하는 것은 헤어스타일과 어울리는 정교한 화장과 액세서리, 패션스타일링이다. 헝클어진 헤어에 민낯이라면 단정하지 못한 부정적 느낌을 주지만 세련된 메이크업을 하고 귀고리 등 액세서리를 매치하는 순간 의도적인 콘셉트로 다가오는 것이다.

패션은 유동적이고 자유롭다.
차별하지 않으며
드러냄을 즐기고
보는 쪽보다 보이는 쪽에 위치한다.
강압에 의해서가 아니라
의도적으로 보이는 곳을 선택해
이를 적극적으로 즐긴다.

패션은
여자다

STEP 02

크기와 상관없이 대부분의 사회 집단은 메인이 되는 주류와 마이너 그룹인 비주류로 나뉜다. 비주류 또는 마이너 그룹은 독자적인 이미지와 스테레오 타입을 가진다. 그들의 '다름'은 주류가 옳다는 것을 인식하도록 정형화되는 경향이 있기 때문에 주로 단점이 부각되는 경우가 많다. 다른 것을 틀린 것으로 돌리면 다수가 만족할 수 있기 때문이다. 이성애자가 정의인 사회에서 호모섹슈얼은 불안정하고 어색한 것이며, 서양인이 주류인 세계에서 동양인은 어딘가 부족하게 여겨진다.

가부장제에서 여성은 남성에 비해 주변적 존재였다. 인류의 반을 차지하는 여성을 마이너 집단으로 인식하는 사회도 여전히 존재한다. 역사적으로 존재해온 이러한 남성과 여성에 대한 인식 차이는 생물학적 특성과 함께 남성성과 여성성을 만들어낸다.

많은 학자들이 사회 체계 속의 여성과 남성의 차이에 대해 논의해왔다. '보는' 능동적 시선으로의 남성과 '보이는' 수동적 존재로서의 여성을 언급했다. 또한 프로이트는 남성에 비해 여성이 나르시시즘 경향이 강하다고 했다. 그에 따르면 남성과 여성이 사랑에 빠지면 남성은 상대방을 과대평가하는 경향을 보이는 반면 여성은 자신을 과대평가하는 성향이 있다. 즉, 연애를 하면 남성은 자신의 여자친구가 수지보다 예뻐 보이지만 여성은 남자친구가 원빈보다 절대 잘생겨 보이지는 않는다.

일부 학자들의 이런 분석과 상관없이 외모에 대한 나르시시즘 성향은 상대적으로 여성에게 두드러지는 특징처럼 인식되어왔다. 과거에 여성보다 남성의 패션이 화려했던 시기도 있었지만 이때는 여성이 패션에 대한 욕망을 드러낼 수 있는 위치와 능력을 부여받지 못했던 이유가 컸다. 나르시시즘적 성향은 패션 판타지와도 연결되는데, 자신을 주체이자 객체로서 적극적으로 향유한다는 점에서 패션과 일맥상통하기 때문이다. 따라서 나르시시즘적 성향과 패션에 대한 관심은 자연스럽게 비례할 수밖에 없다.

프로이트의 이론을 재해석하고 발전시킨 프랑스의 정신분석학자 자크 라캉은 프로이트가 구별한 남성과 여성의 의미를 생물학적 구분이 아닌 사회적 차이로 확장시킨다. 단순히 XY염색체와 XX염색체로 구분하는 게 아니라 남성적 특질과 여성적 특질로 나눈다. 라캉에 따르면 남성에 비해 여성은 유동적인데, 고착된 이미지에 따른 부담이 적기 때문에 여성 집단 내에서 자유롭고 변화할 수 있는 가능성이 크다. 이에 반해 고착된 이미지를 가진 남성 집단에서는 상대적으로 마이너 집단이 뚜렷하게 구별된다.

패션은 여성과도 같다. 나르시시즘적 경향이 강하고 고착되지 않아 차별이 적고 유동적이며 자유롭다. 드러냄을 즐기며 보는 쪽보다 보이는 쪽에 위치한다. 하지만 강압에 의해 보이는 쪽에 위치하는 것이 아니라 의도적으로 보이는 곳을 선택해 이를 적극적으로 즐긴다. 여성은 패션을 적극적으로 향유하는 성향을 가지며 또한 무한한 가능성을 내포한다.

옷장의 경계
상남자와 메트로섹슈얼

'상남자'라는 말이 있다. 모든 면에서 남자다운 남자를 말하는 속어다. 일반적으로 외향적이며 강한 것을 추구하는 이미지를 남자다움의 범주에 넣는데, 남자다움의 정도나 선호하는 남성 이미지는 시대별로 차이가 있다. 과거 귀족들은 화려한 옷과 장신구를 즐겼으며 몸을 치장하는 것에 공을 들였다. 그러나 현대사회로 들어오면서 외모를 꾸미는 것은 여성의 특질에 가까워서 상대적으로 외모에 신경을 덜 쓰는 것이 남성다움을 유지하는 것이라 인식되었다. 특히 양극단으로 편을 나누어 옳고 그름의 정의를 강조하던 80년대에는 마초적인 영웅적 남성을 선호하는 현상이 뚜렷하게 나타난다.

영화 〈람보〉의 실베스터 스탤론, 〈터미네이터〉의 아널드 슈워제네거, 〈다이 하드〉의 브루스 윌리스는 모두 커다란 근육과 구릿빛 피부, 다듬지 않은 헤어 등 패션에 무관심한 모습을 보인다. 근육이 돋보이는 탱크톱이나 색상과 스타일을 고려하지 않은 셔츠, 다리지 않은 바지를 입고 전반적으로 튀지 않는 컬러를 선호한다.

외모를 꾸미는 남성에 대한 부정적인 시선은 1990년대 후반부터 사라진다. 말끔하게 생긴 남자 연예인들이 매스컴에 등장하며 꽃미남이라는 신조어를 만들어냈고 '꽃을 든 남자' 등 남성 화장품 시장도 급격하게 성장한다. 문화비평가 마크 심슨은 이러한 사회적 현상들을 메트로섹슈얼metrosexual이라는 용어로 설명했다. 메트로섹슈얼은 패션에 민감하고 외모에 관심이 많은 남성들을 나타낸다. 대표적인 예로 영국의 축구선수 데이비드 베컴을 들 수 있다. 그는 헤어스타일을 파격적으로 바꾸거나 화려한 액세서리를 착용하며 패셔너블하고 트렌디한 모습을 선보인다. 이 같은 남성들이 많아지자 외모를 꾸미는 데 많은 관심을 쏟으면 남성성이 약할 것이란 인식은 바뀌었다. 오히려 자기관리가 철저한 사람으로 인식되어 남녀 모두에게 호감을 얻었다.

여성만의 컬러로 인식되어 남성들이 꺼려했던 밝은 느낌의 붉은색 계열은 2000년대 들어 남성패션에 폭넓게 들어왔다. 남성들도 좋아하는 컬러로 핑크를 말하는 것이 어색하지 않게 되었다. 2004년 개봉한 영화 〈나를 책임져, 알피〉에 나오는 바람둥이 알피(주드 로 분)는 세련된 패션으로 여성들을 끌어당긴다. 옅은 핑크색 셔츠와 깔끔한 슈트, 컬러풀한 머플러 등을 즐기는 그의 모습은 센스 있고 젠틀하며 매력적인 남성의 모습을 만들어낸다.

옷장의 주소
아무도 마이너가 아닌 곳

호모섹슈얼에 대한 태도는 남녀에 따라 차이가 있는데 상대적으로 고정 관념이 적고 변화에 민감한 여성들이 남성들보다 열린 태도를 취한다. 그래서 여성을 주된 대상으로 하는 대중문화 속에서 호모섹슈얼 남성에 대한 태도는 부정적이지 않고 포용적이다. 여성들은 일반 남성보다 호모섹슈얼 남성들과 소통이 더 잘 될 것이라는 생각을 가지고 있으며 매스컴은 이를 토대로 그들을 캐릭터화하기도 한다.

패션은 게이를 사랑해

잘생기고 능력 있는 완벽한 남성은 게이일 확률이 높다는 인식도 존재한다. 영국의 화가 데이비드 호크니는 수영장 물을 연상시키는 밝은 하늘색을 자주 사용하는데, 전문가들은 그가 동성애자였기 때문에 이러한 독특한 컬러를 즐겼을 거라고 이야기한다. 미셸 푸코, 앙드레 지드, 루드비히 비트겐슈타인, 프랜시스 베이컨과 같은 지식인 혹은 엘튼 존이나 리키 마틴처럼 커밍아웃한 스타들에 의해 대중은 동성애자들이 예술적 감각과 뛰어난 외모의 소유자일 것이라고 인식한다. 사실 동성애자 중에 성공한 사람이 많다기보다 성공했기 때문에 커밍아웃할 수 있었던 것이겠지만 결과적으로 동성애자는 성공한 사람이라는 인식이 생긴 것이다. 미국 드라마 〈섹스 앤 더 시티〉에서 에이전시를 운영하는 사만다(킴 캐트럴 분)는 모델로 데뷔한 자신의 남자친구에게 게이들이 호감을 나타내는 것을 보고 "가장 먼저 게이들이 반응하고 그 다음이 여고생, 그러고 나서 업계가 반응하는 법이지"라며 그들의 감각을 치켜세운다. 영화 〈금발이 너무해〉에서는 얼핏 보고도 철 지난 프라다 구두를 알아채는 남자를 게이라고 확신하는 장면이 나온다.

일반적으로 남성 동성애자들이 마이너 성향의 외로움을 달래고 서로를 위로하는 소울메이트 관계라면, 여성 동성애자들은 남성에게 받은 상처를 치유하고 부족함을 채워주는 동반자의 관계로 인식된다. 영화 속에서 표현되는 이들의 패션을 보면 이런 이미지의 차이가 드러난다. 남성 동성애자들의 경우 서로 비슷한 스타일, 컬러, 재질, 디테일 등을 추구하는 반면 여성 동성애자들은 터프한 남성적 캐릭터와 섹시한 여성적 캐릭터로 역할이 나뉜다. 남성 동성애자들의 이야기를 그린 영화 〈해피 투게더〉나 〈브로크백 마운틴〉에 나오는 주인공들의 패션은 비슷한 스타일이지만 여성 동성애자들이 나오는 영화에서는 두 사람의 패션 취향이 뚜렷하게 구분되는 것이다. 어두운 세계의 두 여성이 등장하는 영화 〈바운드〉에서 마피아 조직원인 바이올렛(제니퍼 틸리 분)은 절도죄로 복역했다 출옥한 코키(지나 거슨 분)에게 반한다. 코키가 짧은 헤어스타일에 진과 스니커즈, 무늬 없는 슬리브리스를 입고 팔과 등에 문신이 있는 반면, 바이올렛은 짙은 화장에 슬립 형태의 원피스, 하이힐 등으로 섹시한 외모를 완성한다.

이러한 특성은 레즈비언으로 알려진 미국의 유명 토크쇼 진행자 엘런 드제너러스와 그녀의 연인을 봐도 한눈에 알 수 있다. 엘런이 짧은 헤어컷과 화장기 없는 민낯, 단정한 슈트로 남성적 이미지를 연출하는 반면 그녀의 연인은 남성들이 선호할 만한 섹시한 여성의 이미지를 표현한다.

엘튼 존 커플(왼쪽)과 엘런 드제너러스 커플

하지만 퀴어물이 아닌 여성영화의 경우 남성 동성애자를 다루는 영화처럼 극중 캐릭터들이 비슷한 패션을 추구하는데, 이는 사회 속 고독과 고립에서 서로에게 의지하는 점이 강조되기 때문이다. 예를 들어 영화 〈델마와 루이스〉에서 주부와 웨이트리스로서 사회적 약자였던 주인공들은 영화가 진행될수록 서로에게 의지하면서 비슷한 패션을 추구하게 된다.

옷장의 명령
섹시해야 돼, 뭐든지

구글에 'sexy'라는 단어를 입력하고 이미지 검색을 해보면 글래머러스한 젊은 여성들이 노출이 많은 옷을 입고 야릇한 표정으로 화면을 응시하는 사진이 주르륵 나온다. 이 사진들의 특징은 준비된 상태의 헤어와 메이크업, 야릇한 포즈, 화면을 바라보는 시선이다. 일반적으로 섹시라는 키워드는 남성보다 여성에 집중되어 있으며 능동적인 모습보다는 수동적인 모습을 보여주는 경우가 많다. 섹시하다는 말은 남녀 모두에게 통용되지만 관음의 대상이 되는 경우는 대부분 여성이다.

마르크스주의 문화 비평가인 존 버거의 《다른 방식으로 보기Ways of seeing》(열화당, 2012)에 따르면 많은 미술작품에서 남성은 관찰자이며 여성은 시선의 대상으로 등장한다. 마네의 〈풀밭 위의 점심 식사〉는 어두운 색과 밝은 색의 강렬한 대비로 시선을 끄는데 특히 눈에 띄는 것은 관객을 응시하는 나체의 여인이다. 대낮의 야외에 나체의 여인이 등장한 것에 대해 사람들이 비난하자 작가는 "빛에 의한 색의 대비를 표현하기 위해 나체의 밝은 색이 필요했다"고 설명했다. 하지만 이러한 설명이 변명처럼 들리는 것은 색의 문제를 떠나 이 작품을 감상하는 사람이라면 시선을 원하는 나체의 여인에게 관심이 가는 것이 너무 당연하기 때문이다. 나체의 여성 옆에서 담소를 나누는 두 남성은 옷을 제대로 갖춰 입고 앉아 있는데, 이들은 작품 속에서 시선의 주된 대상이 아니다. 보

〈풀밭 위의 점심 식사〉, 에두아르 마네, 1863

는 사람이 없어도 자연스럽게 자신들만의 담소를 나누는 남성들과 달리 나체의 여성은 누군가의 시선이 없을 경우 어색함이 느껴질 것이다.

현대사회에서도 외모의 중요성은 남성보다 여성에게 더 강조된다. 외모를 성형해주는 리얼리티 프로그램은 국내외 어디에서든 쉽게 볼 수 있는데, 이 프로그램들이 주로 여성을 출연 대상으로 하는 것은 사회적으로 남성보다 여성에게 외모의 중요성이 요구된다는 뜻이다.

은근히, 의도적으로

가부장제 사회에서 여성의 역할은 남성의 적극성을 유도하는 것이었다. 섹시하다거나 관능적이라는 것은 성적 감각을 자극해 상대방의 능동성을 이끌어내는 '적극적 수동성'에서 만들어진다. 상대방의 능동성을 이끌어내기 위해 방어하지 않는, 즉 쉽게 접근할 수 있는 백치미의 여성이 순수하기보다 섹시하게 느껴지는 이유도 여기에서 비롯된다.

노출은 의도적으로 신체를 내보이는 방법으로 가슴이나 엉덩이처럼 섹슈얼한 신체 부위를 드러내거나 몸의 형태를 드러내는 타이트한 옷을 입는 것은 보는 이로 하여금 관음적인 상상을 불러일으킨다. 영화 〈7년만의 외출〉에서 마릴린 먼로의 패션은 그녀가 섹시 아이콘이 되는 데 결정적인 역할을 한다. 가슴 부분이 깊숙이 파인 홀터넥 디자인에 허리를 타이트하게 조인 얇은 화이트 원피스를 입고 지하철 환기구 위에서 바람에 속옷이 보이도록 치마가 들춰지는 것을 즐기는 그녀를 옆에서 남자가 흐뭇하게 지켜본다.

**구찌 화이트 드레스,
1996 F/W**

남성의 적극성을 유도하는 다른 방법은 촉감을 느끼게 하는 것이다. 실크나 벨벳처럼 부드러운 소재는 몸의 곡선을 따라 흘러내리면서 시각을 통해 몸을 쓸어내리는 촉각을 유도한다. 밑단까지 지퍼가 이어진 원피스가 야릇한 상상을 불러일으키는 것도 이와 유사하다. 톰 포드의 구찌 패션들이 섹시하게 느껴지는 이유 중 재질은 많은 부분을 차지한다. 몸 전체에 흐르는 벨벳 소재의 드레스는 고급스러우면서 에로틱한 분위기를, 1995년 이후 꾸준히 선보이는 실크 재질의 가슴골이 보이는 푸른색 셔츠는 단정하면서도 섹시한 느낌을 준다. 많은 사랑을 받았던 화이트 드레스 역시 얇은 저지 재질로 몸의 곡선을 감쌌고 골드 포인트 장식을 더해 섹시함을 강조했다. 이렇게 톰 포드는 부드러운 재질에 커팅을 효과적으로 사용하여 관능적이고 세련된 스타일을 표현해냈다. 영화 〈나인 하프 위크〉에서 얇고 부드러운 화이트 슬립 차림의 엘리자베스(킴 베이싱어 분)가 나오자 극장 안에 침 삼키는 소리만 들렸다는 우스개처럼 시각을 통한 촉각적 자극은 적극성을 유도하는 데 대단히 효과적이다.

감추면 더 섹시한 이유

노출과는 또 다른 측면에서 은폐의 효과적인 사용은 여성의 관능적 패션을 성공적으로 완성시킨다. 영화 〈LA 컨피덴셜〉에서 콜걸 린 브랙 큰(킴 베이싱어 분)이 입은 후드가 달린 검은 겉옷은 얼굴을 제외한 온몸을 덮고 있음에도 은폐가 주는 신비한 느낌 때문에 그녀의 섹시한 매력을 강조해준다. 코르셋이나 브래지어, 란제리가 섹시해 보이는 것도 그것이 몸을 가리면서 그 안에 아무것도 입지 않은 부드러운 맨살이 있다는 것을 암시하는 아이템이기 때문이다. 패션 디자이너 장 폴 고티에는 1990년 마돈나의 월드투어 의상을 제작했는데, 꽉 조인 코르셋에 가슴 부분이 콘 형태로 뾰족하게 튀어나오고 가터벨트까지 달린 이 의상은 마돈나의 관능적이고 파격적인 이미지를 톡톡히 강조했다. 콘 브라로 불리는 이 패션은 장 폴 고티에의 향수 패키지에도 등장한다.

핀란드의 철학자이자 사회학자인 에드워드 알렉산더 웨스트마크는 프로이트의 정신분석학 이론을 토대로 성감대 이동설을 주장했다. 여성의 신체는 모든 부위가 매혹적이며 시대별로 성감대가 이동함에 따라 패션에도 변화가 생긴다는 것이다. 그는 남성의 성감대가 한군데에 집중된 반면 여성의 성감대는 여러 부위에 퍼져 있어서 남성보다 여성의 패션이 빠르게 변화한다고 덧붙였다. 이론적으로 논의하지 않더라도 여성의 신체에서 매력적인 부분, 즉 노출 부위가 시대별로 달라진 것은 사실이다. 1920년대는 여성의 가늘고 매끈한 다리가 선호되면서 치마의 길이가 무릎 정도로 짧아졌고 1930년대는 엘레강스한 이미지가 유행하면서 롱 드레스를 입은 우아한 여성의 모습이 선호되었다. 상대적으로 여성의 매끈한 등이 노출된 사진이 많았고 등이 깊게 파이거나 홀터넥 스타일의 드레스가 유행했다. 이후 여성의 풍만한 가슴이 부각되었으며 2000년대 들어서는 여성의 골반과 허리 부분이 매력 포인트로 강

조되기 시작했다. 이러한 분위기 속에서 밑위가 짧은 로라이즈진low rise jean이 유행했다. 브리트니 스피어스나 크리스티나 아길레라가 섹시한 매력으로 대중에게 다가가기 시작한 2000년대 초반 그녀들의 앨범 커버를 보면 알 수 있다.

옷장의 주인
여자들이 지배한 역사

정치나 종교 같은 권력적 체계에서 남성이 차지하는 비중이 큰 가부장제 사회에서 여성은 권력 구조에서 물러나 있었다. 19세기 중반 여성들의 참정권 운동을 시작으로 여권 신장을 위한 다양한 캠페인이 벌어졌고, 특히 다양성에 대한 논의가 활발했던 1960년대에는 페미니즘 운동이 전폭적으로 전개되었다.

1960년대 말 예술 분야에도 서구 페미니즘에 의해 여성 해방운동이 활발하게 진행되었는데, 남성이 주체로서 중심에 놓이고 여성이 변두리에 놓이는 점을 지적하며 차별을 인식하게 했다. 남성 중심 작품을 고발하는 방법으로는 작품 속 남성과 여성의 역할을 바꿔놓거나 남성의 시각이 아닌 여성의 시각으로 기존 예술을 해석하는 방법 등이 있다. 이를 시도했을 때 어색한 느낌이 든다면 기존 예술에서 너무나 자연스럽게 남성이 주체로 있었음을 반증하는 것이다.

미술사학자 린다 노클린은 〈왜 위대한 여성 미술가는 없었나?〉라는 글에서 가부장제 사회가 여성들의 창조성을 억압한다고 지적한다. 여성과 남성 모두 미술사에 나오지만 여성은 작가가 아닌 누드모델로 등장한다는 것이다. 아름다운 여성이 침대 위에서 에로틱한 포즈를 취하는 장면은 남성의 눈에 아름다워 보이는, 남성을 만족시키기 위해 만들어진 이미지일 뿐이다.

성역할의 전복

초상화가 앨리스 닐은 임신한 여성의 누드화나 엄마가 된 여자와 아이가 함께 침대에 있는 모습을 주로 그렸다. 임신이나 육아는 여성의 특징을 가장 잘 보여주는 것이며 이를 나타내는 것이 진정한 여성스러움을 드러내는 작업이라고 생각했기 때문이다. 또 당시 페미니스트 화가들은 예술에서 여성이 받는 차별을 고발하기 위해 남성과 여성의 역할을 뒤집는 시도를 했다. 이들은 남성 예술가와 여성 모델이라는 전통적 패러다임을 바꾸기 위해 노력했다. 실비아 슬레이의 작품에는 앵그르의 〈터키탕〉 모델들이 전부 남성으로 바뀌어 있다.

루디 건릭의 톱리스 수영복

페미니즘 운동이 활발하던 1960년대 대학가에는 여성의 상징인 브래지어를 불태우는 이벤트를 주도한 페미니스트들인 '브라버너'의 주도로 '자유의 쓰레기통'이 만들어졌다. 여대생들은 거대한 쓰레기통에 여성을 억압하는 거들, 기능성 속옷, 인조 속눈썹 등을 내던지면서 "여성은 가축이 아니라 사람"이라고 외쳤다. 당시 화제가 되었던 패션 디자이너 루디 건릭의 톱리스 수영복도 이러한 분위기 속에서 나온 것인데, 그는 남성 수영복이 하체만 가리는 것처럼 여성 수영복도 똑같이 하체만 가려야 한다고 주장했다. 이 톱리스 수영복이 외설적이지 않고 진취적이라는 평을 받은 것도 새로움과 다양성에 대한 요구가 컸던 당시 시대상의 영향이다.

〈터키탕The Turkish Bath〉, 앵그르, 1862

〈터키탕The Turkish Bath〉, 실비아 슬레이, 1973

또한 1960년대의 급진적 페미니스트들은 머리를 짧게 자르고 슈트를 입은 채 남성의 행동을 따라 했다. 물론 겉모습만 따라 하는 것이 평등을 위한 운동이냐고 반문할 수도 있다. 하지만 이러한 시도들은 성차별이 뚜렷했던 시기에 차별을 줄이기 위한 적극적인 행동이었다. 당대 페미니스트들은 당장 차별 자체를 없애는 것이 쉽지 않기 때문에 우선 가시적인 차이를 좁혀야 한다고 생각했다.

미국 정치인 낸시 펠로시

과거 페미니즘 운동의 양상은 크게 두 가지로 나뉜다. 남녀의 차이를 줄여 동등해지려는 쪽과 여성성을 강조하여 남성과 다른 면모를 부각하는 쪽이다. 남성의 비율이 월등히 높은 정치권을 예로 들면, 화장을 하지 않고 단정한 정장 차림으로 나오는 여성 의원이 있는가 하면 여성스러운 의상과 행동으로 대중의 관심을 끄는 여성 의원도 있다. 평소 패션에 관심이 많던 힐러리 클린턴은 영부인이었던 당시 여성스럽고 패셔너블한 모습을 선보였지만 본인이 직접 정치에 참여하는 현재는 매니시mannish한 스타일의 소박한 패션을 주로 보여준다. 반면 민주당 원내 대표였던 낸시 펠로시는 화려한 액세서리와 붉은색 투피스를 즐겨 입는데, 이러한 패션은 다수의 남성 사이에서 그녀를 부각시키는 데 성공했다.

패션의 주인은 여자

현재 여성의 위치는 과거와 큰 차이를 보인다. 하버드대학 교수인 댄 킨들런의 저서 《알파걸, 새로운 여성의 탄생》(미래의 창, 2007)에는 다양한 방면에서 남성을 능가하는 여성들의 구체적인 예시가 나온다.

> "법학, 의학, 경영학 등 전문 대학원의 남녀 학생 비율이 점차 비슷해지고 있다. 1970년에는 이 분야에서 석사 학위를 받는 여학생 비율이 10퍼센트에도 못 미쳤으나 그 후 십 년마다 숫자가 점점 늘어나 현재는 여성 비율이 약 40퍼센트에 이르고 있다."
>
> "미국 연방의회 109차 회기(2005~2007년) 중 여성 의원의 숫자는 총 84명(상원 14명, 하원 70명)으로 사상 최고치였고, 소수당 원내총무도 여성의원이었다. (중략) 이에 비해 1991년에는 여성 상원의원은 단 4명이었고, 하원의원 수도 28명에 불과했다."

학교에서 우수한 성적을 보이는 여학생들, 정치·경제 분야에서 두각을 나타내는 엘리트 여성들의 모습이 더는 낯설지 않다. 그러나 양성평등이 실현되었다고 보기는 여전히 어렵다. 여성의 비율이 남성에 비해 현저히 낮은 고위 관직이나 대기업 주요 임원들의 성비만 봐도 알 수 있다.

하지만 패션에서만큼은 여성이 중심에 있다. 현대 패션 시장에서 여성이 갖는 권력은 막강하다. 이는 여성들이 패션에 쏟는 관심과 지출이 남성보다 훨씬 크기 때문인데, 여성의 나르시시즘 성향이 남성보다 강하다는 프로이트의 가설을 차치하더라도 우리 생활에서 쉽게 체감할 수 있다. 패션 기업들은 여성에게 잘 보이고자 하는 의도를 명확히 드러내면서 여성 중심의 제품과 광고를 쏟아내고 있다. 가부장제 사회에서 상대적으로 마이너의 위치에 있던 여성들이 패션에서는 메이저가 된다. 그래서 페미니스트들이 기존의 차별을 고발하기 위해 남성과 여성의 위치를 의도적으로 바꾸어 낯설고 불편한 느낌을 주려는 방법이 패션에서는 큰 의미가 없다.

럭셔리 패션 브랜드 돌체앤가바나의 2007년 광고를 보면 착장을 한 여성들과 누드의 남성들이 나온다. 럭셔리하게 차려입은 여성들은 누드의 남성들을 농락하는 듯한 포즈를 취하고 있는데, 여기에서 사회의 차별을 비꼬는 듯한 냉소는 전혀 느껴지지 않는다. 그냥 멋진 패션 광고 사진으로 자연스럽게 다가올 뿐이다.

돌체앤가바나 광고 2007 F/W

옷장의 도발
양복 입은 여인

지하도에서 두 여자가 스쳐 지나간다.
"낯선 여자에게서 내 남자의 향기가 난다."

왕가위 감독의 영화 〈타락천사〉의 한 장면이다. 감각적인 화면과 치명적인 문구의 조합은 이후 국내 화장품 회사가 TV광고의 모티브로 삼아, 배우 김선아를 스타덤에 올렸다. 20년의 세월이 흘렀지만 당시 이 광고를 접했던 사람들은 지금까지도 매우 인상적인 문구로 기억하고 있을 것이다. 이 문구는 왜 그토록 매력적일까?

사람들은 익숙한 대상에서 호감을 느끼지만 낯선 대상에서도 매력을 느낀다. 그래서 편안함과 새로움이 적절하게 섞일 때 매력이 극대화된다. 두 요소가 어색하게 연결되면 실패지만 세련되게 연결되면 매력이 배가되는 것이다. 이를 패션의 영역에 적용한다면, 인간의 일차적 구분이자 패션의 주체인 남성과 여성을 합치는 상황을 생각해볼 수 있다. 이렇게 양립할 수 없는 두 주체를 합칠 때는 기계적인 중립을 유지하면 안 된다. 덮어씌우는 쪽과 덮이는 쪽의 구분이 모호하지 않고 명확해야 한다는 뜻이다. 한쪽의 성에 다른 성의 향기를 씌우는 경우 매력이 배가되지만 기계적으로 반반씩 섞으면 어색해진다.

앤드로지너스 룩

기계적 중립의 방법으로 섞은 패션 스타일링으로 앤드로지너스 룩이 있다. '양성의 특징을 가진'이란 뜻의 앤드로지너스androgynous를 사용한 용어로, 여성성과 남성성이 공존하는 경우를 말한다. 이는 대중패션에서는 쉽게 찾을 수 없는 불편한 스타일링이다. 특이한 콘셉트의 화보 촬영이나 영화 속 평범하지 않은 캐릭터의 패션, 혹은 대중스타가 새로운 모습을 보여주기 위해 선택한 무대 위의 콘셉트로 사용된다. 착용자의 매력을 강조하기보다는 특이함으로 사람들의 눈길을 끄는 것을 우선으로 하는 경우다. 대중의 패션은 개인의 매력을 주변 사람들에게 호소하는 것이지 자신을 대중에게 보이기 위한 쇼의 대상으로 한정 짓는 것은 아니다.

유니섹스 룩

남성과 여성 모두에게 언급되는 스타일인 유니섹스 룩도 있다. 이는 남성과 여성의 이미지를 함께 가진다기보다 남성과 여성 모두에게 가능한 스타일링을 말한다. 앤드로지너스가 둘을 합친 중립적인 이미지라면 유니섹스는 둘을 합친 포괄적인 이미지로 특별히 성별이 구분되지 않는다. 따라서 외모의 매력을 극대화하는 데 사용되긴 어렵고 평범하고 일상적인 스타일링, 예를 들어 청바지에 티셔츠, 블루종에 스니커즈를 매치하는 식이다.

그렇다면 중립적이지도, 포괄적이지도 않게 매력을 강조하는 방법은 무엇일까? 바로 '낯선 여자에게서 내 남자의 향기가' 나도록 하는 것이다. 명확한 성적 정체성을 가지되 이성의 느낌을 자신만의 방법으로 덧씌우는 것인데, 그러면 여성이 남자 옷을 입었을 때 남성적인 느낌이 드는 것이 아니라 남성과 다른 여성만의 특징이 오히려 부각된다. 예를 들어 지극히 여성스러운 그녀가 남자 셔츠나 재킷을 걸쳤을 때 사랑스럽고 귀엽게 느껴지는 것과 같다. 이러한 매력이 세련되게 연출된 영화로 우디 앨런 감독의 〈애니 홀〉이 있다. 희극 작가인 알비 싱어(우디 앨런 분)는 애니 홀(다이안 키튼 분)에게 첫눈에 반해버린다. 시크한 뉴요커인 알비가 한눈에 반한 애니라는 캐릭터는 다른 여성들과 다르면서도 익숙하고 편안한 매력을 가지고 있다. 애니는 남성 패션에서 비롯된 와이셔츠와 넥타이, 베스트와 와이드 팬츠를 입고 있다. 이러한 패션은 애니의 여성스러운 매력을 강조하는 동시에 다른 여자들과 차별화된 그녀만의 색을 보여준다.

매니시 룩

이렇게 슈트와 같은 남성 패션 아이템으로 정갈하게 스타일링한 차림을 매니시 룩이라고 한다. 매니시 룩은 남성다움을 강조하는 것이 아니라 남성적 스타일링을 통해 매력적인 여성의 패션을 선보이는 것이다. 커다랗고 하얀 와이셔츠를 자그마한 체구의 여성이 입고 귀엽게 웃는 모습을 보면 어떤 느낌이 들까? 아마 여성스러움이 배가되면서 꼭 안아주고 싶은 기분이

바지 슈트를 입은 마를렌 디트리히

들 것이다. 마를렌 디트리히나 그레타 가르보 등 유명 여배우들이 남성

슈트나 제복을 입고 찍은 화보는 남성이 착용했을 때와 차이를 보여주면서 여성성의 강조로 이어졌다.

매니시룩은 현대의 여성 정치인들이 남성 슈트를 착용하는 것과는 전혀 다르다. 여성 정치인들의 슈트 착용은 여성의 매력을 강조하는 것이 아니라 남성이 주가 되는 분야에서 성별에 따른 편견을 없애고자 하는 의지를 나타낸다. 매니시 룩이 남성과 여성의 차이를 강조하는 것이라면, 여성 정치인이나 페미니스트들의 남성 슈트 착용은 차이를 줄이는 시도이다. 자신을 매력적으로 드러내기 위한 방법으로서의 접근과 전략적으로 대중에게 어필하기 위한 방법으로서의 접근은 명백히 다르다. 이렇게 특별한 경우가 아니라면 패션은 자신의 매력을 가장 잘 보여주는 방향으로 접근해야 한다. 자신이 여성스럽지 않아 고민이라면 매니시 룩을 시도해보는 게 좋은 방법일 수 있다. 평소 여성스러운 스타일을 선호하지 않고 남성 패션의 정갈한 느낌을 좋아하는 여성의 경우 매니시 룩을 통해 자신의 매력을 극대화할 수 있을 것이다.

단, 앞서 강조했듯이 매니시 룩과 앤드로지너스 룩, 유니섹스 룩이 어떻게 다른지 정확하게 아는 것이 선행되어야 한다. 〈타락천사〉의 그녀에게서 내 남자의 향기를 느꼈기에 매력적으로 다가왔던 것이지, 그녀의 모습에서 내 남자의 모습이 딱 반쯤 보였다면 장르가 공포나 스릴러로 바뀌었을지도 모른다. 혹은 그녀의 모습에서 단순히 내 남자친구의 포괄적인 이미지가 비쳤다면 '여동생인가?' 하며 궁금해하지, 그토록 감각적인 장면이 연출될 수는 없었을 것이다.

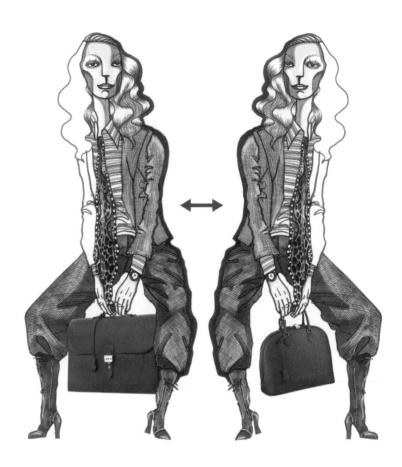

매니시 스타일을 연출하려면 가방과 같은 액세서리의 활용이 효과적이다. 스카프 또한 매는 방법에 따라 페미닌할 수도 혹은 넥타이를 연상케 하면서 매니시한 느낌을 줄 수도 있다.

옷장,
제대로
알기

02

패션에는 개인의 취향과
대중의 선택이 동시에 담긴다.
내가 좋아하는 나의 모습을
남에게 보여주는 방법이기 때문이다.
색깔과 모양 같은 구체적인 대상에
당대의 규범과 사회적 요구가 있다.
패션은 시대를 읽는 텍스트다.

패션은
물결이다

패션은 타인의 시선을 고려한 개인의 취향이기 때문에 개인의 선택과 대중의 선택을 동시에 나타낸다. 즉, 내가 좋아하는 나를 사회 속 타인들에게 보여주는 방법으로의 선택이다. 그래서 패션에는 개인의 성향뿐 아니라 당시 사회상이 포함된다. 개인적 욕구에 의한 선택에는 사회의 요구가 들어있다.

영국 빅토리아 여왕 시대에 숨을 못 쉴 정도로 졸라맨 코르셋이나 중국 청나라 시대에 엄지발가락 뼈를 부러뜨려서 작은 신발에 발을 끼워 넣은 전족은 당시 사회의 정숙한 여인상과 미적 기준이 반영된 것이었다. 당시 여인들은 코르셋이 흉부를 압박해 갈비뼈가 부러져도 더욱더 가는 허리를 위해 끈을 풀지 않았고, 전족 때문에 제대로 걸을 수 없어도 더욱더 작은 발로 아름다움을 겨루고자 했다.

따라서 패션은 시대상을 예측하기에 효과적인 텍스트다. 컬러나 형태, 스타일링과 같이 인식하기 쉽고 구체적인 대상을 통해 당시 규범이나 사회의 요구를 이해할 수 있기 때문이다. 80년대에는 밝은 컬러에 대한 선호도가 컸던 데 비해 90년대엔 어두운 무채색 계열이 주를 이뤘다. 이는 개인이 추구하고자 하는 성향과 사회적 분위기를 반영한다. 이에 앞서 70년대에는 남성의 장발과 여성의 미니스커트가 크게 유행했고 정부가 이를 단속하기도 했다.

또 현재의 패션은 지역에 따라 다른 양상을 보인 과거와 달리 공통된 흐름이 존재하기 때문에 시대를 읽는 포괄적인 대상이 될 수도 있다. 과거에 위치적 거리가 먼 동양과 서양의 패션은 문화만큼이나 큰 차이를 보였다. 신체의 형태를 돋보이게 하기 위해 허리를 조이고 치마를 펼쳤던 서양과 패브릭의 아름다움을 추구하기 위해 몸을 평면적으로 만들었던 동양의 패션은 아름다움을 표현하는 기본적인 방법에서부터 차이가 났다. 하지만 현대에는 정보가 쉽게 공유되면서 세계의 패션 양상이 비슷해지고 인터넷을 통해 먼 나라의 제품을 '직구'하기도 한다. 유럽의 젊은이들이 프랑스 패션브랜드인 베트멍의 팔이 긴 티셔츠에 관심을 가지고 인터넷에 이미지를 올리면 국내 젊은이들도 이 브랜드와 스타일에 대해 알게 되고 원하면 바로 구매한다. 패션은 과거를 읽는 텍스트이자 동시대의 사람들이 시시각각 공유하는 대상인 것이다.

현재의 패션에 관심을 갖고 이전의 흐름을 읽으려면 현재와 형태나 스타일이 비슷한 제2차 세계대전 이후의 히스토리를 되돌아보는 게 적합하다. 그래서 이번 스텝에서는 1950년대부터 지금까지의 패션의 역사를 다룬다.

1950년대
먼로냐 헵번이냐

전쟁 중에 여자들이 멋을 내는 것은 분위기상 쉽지 않았다. 사람들이 죽고 경기가 불안해지면서 사회 분위기가 악화된 탓도 있었지만 오빠나 동생, 남편이 전쟁에 나가 있는데 여자가 멋을 낸다는 것은 죄악에 가까웠다. 이런 분위기는 암묵적으로 여자들에게 소박한 옷차림새를 강요했을 것이다. 2차 대전 중 마을 여인들의 질투를 한 몸에 받는 여인이 나오는 영화 〈말레나〉의 대사 중 "아름다움은 죄"라는 말이 있다. 당시 패션의 관점에서 보면 주인공 말레나에게는 타고난 외모 외에도 '치장한 죄'가 있었다. 군중심리에 휩쓸려 말레나에게 집단 폭력을 가한 여인들의 마음속에는 '저것 봐. 나도 예쁜 옷 입고 싶지만 꾹꾹 참고 있는데 감히 너 혼자 멋을 부려?'라는 심리가 작용했을 것이다. 물자가 부족한 전쟁 중에는 옷감의 사용에도 규제가 있었기 때문에, 여성 스커트의 경우 천을 많이 소모하지 않도록 주름 없이 일자로 뚝 떨어지는 H라인의 다소 짧은 스타일이어야만 했다.

다시 여자가 되다

전쟁이 끝나면서 파리의 디자이너들은 비로소 여성스러운 몸의 라인을 선보이기 시작했다. 패션디자이너 크리스찬 디올은 1947년 자신의 살롱에서 둥그런 어깨선에 허리를 잘록하게 조이고 긴 치마가 밑으로 쫙 퍼지는 X자형 옷을 선보였다. 패션잡지 〈하퍼스 바자〉의 편집장 카르멜 스노가 이 새로운 스타일을 극찬하며 사용한 '뉴룩New Look'은 이후 디올의 여성스러운 X자형 실루엣을 지칭하는 용어가 되었다. 미니멀한 H라인을 고수하던 샤넬을 제외하면 많은 디자이너들이 풍성한 실루엣의 여성스럽고 엘레강스한 스타일을 대거 선보였다. 개인 디자이너들이 프랑스에 부티크를 다시 오픈하면서 프랑스가 전 세계의 하이패션을 주도하게 되는데 발렌시아가, 지방시, 피에르 발망 등이 대표적이다. 이탈리아의 구두 디자이너 살바토레 페라가모는 다양한 구두 디자인을 선보였다.

50년대의 여성 패션은 전반적으로 밝고 행복한 이미지를 선호해 메이크업도 밝은 립스틱이 인기를 끌었다. 나일론이 패션에 대중적으로 사용되었고, 여성성을 표현하는 프린트나 컬러가 유행했다.

한편 영화와 같은 미디어의 발달과 함께 스타 패션디자이너들의 영향력이 커지기 시작했다. 마릴린 먼로, 그레이스 켈리, 오드리 헵번, 잉그리드 버그먼 등 인기 여배우들의 패션 스타일이 넓게 모방되었다. 큰 키에 마른 체형, 큰 눈, 짧은 뱅헤어의 갈색머리로 귀엽고 우아한 이미지를 알린 오드리 헵번이 영화 〈사브리나〉에서 입은 카프리팬츠는 영화 제목 그대로 사브리나 팬츠라 불리며 크게 인기를 끌었다. 디자이너 지방시는 헵번의 영화 속 의상을 디자인하며 디자이너와 여배우의 협력관계를 보여줬다.

마릴린 먼로는 영화 〈7년만의 외출〉, 〈뜨거운 것이 좋아〉 등에서 뽀얀 피부, 도톰한 입술, 굴곡 있는 몸매, 밝은 금발 등 전형적인 남성판타지로서의 여성의 모습을 보여줬다. 빨간 립스틱을 바르고 가슴 부분이 파인 하얀 홀터넥을 입은 먼로가 당시 촬영한 화보를 보면 현재 패션잡지에 나온다 해도 손색없을 만큼 세련되고 신선하다.

전쟁 후 일자리가 늘어나고 젊은 세대가 돈을 벌기 시작하면서 그들만의 취향을 고려한 문화가 전개되는데, 기성복의 발달과 함께 젊은 세대의 패션시장도 커지기 시작했다. 이전의 젊은 세대가 부모 세대의 옷을 모방한 데 비해 이 시대의 젊은 층은 전혀 다른 스타일을 형성했다. 젊은 취향의 대중문화가 발달하면서 로큰롤 가수 엘비스 프레슬리나 영화 〈이유 없는 반항〉의 주인공 제임스 딘 등이 젊은이들의 우상으로 부각된다.

국내는 1950년 한국전쟁으로 패션시장이 활발하지는 못했지만 오드리 헵번의 사브리나 팬츠가 맘보바지라는 이름으로 유행하는 등 세계의 패션에 영향을 받기도 했다. 양장과 한복이 공존하던 시기다.

1960년대
핵폭탄급 비키니

"예술은 무지한 대중은 이해할 수 없는 높은 차원의 행위 이다."

한 화가가 인상을 팍 쓰고 심혈을 기울여 붓으로 선을 긋는다. 1년에 걸쳐 그은 붓 터치 옆으로 누군가 지나가며 말을 툭 던진다.

"그걸 뭣하러 1년씩이나 해? 예술작품을 원하는 사람들이 널리 공유할 수 있는 것도 멋지지 않아? 우리 집에도 걸고 싶은데 실크스크린으로 하나 복사해줘. 게다가 꼭 귀족부인을 그릴 필요도 없지. 모나리자는 잘 모르지만 마릴린 먼로는 알아. 코카콜라 같은 친숙한 제품은 모두가 알고 있다는 사실만으로 소통한다는 느낌을 주잖아. 연주회에서 피아노뿐 아니라 관객이 만드는 소음이 음악이 될 수 있고, 갤러리에 놓아둔 의자에 앉은 관객이 오브제가 될 수도 있어. 아. 그리고 말이지, 예술가 자체나 행위가 예술작품이 될 수도 있어."

1960년대 중반부터 문화계와 예술계 전반에 포스트모더니즘이 형성되기 시작한다. 철학이나 문학, 예술 등 다방면에 걸쳐 새로운 시도가 번졌고 영국에서 시작된 팝아트는 미국으로 넘어가 예술계의 흐름을 바꾸어놓았다. 작가의 위치를 최소화하면서 작품 자체로 소통하고자 했던 미니멀리즘은 모더니즘의 끝이자 포스트모더니즘의 시작이었다. 기하학적인 형태에도 거부감이 없었다. 패션디자이너 파코라반은 금속판으로 제작한 미니드레스를 선보이기도 했는데, 이는 패션에서도 다양한 시도를 보여주려는 하나의 이벤트였다. 옷의 소재로 절대 안 될 것 같은 금속을 사용해 어떤 것도 재료로 쓰이는 데 제한이 없다는 것을 보여주려는 의도였다.

비틀스가 변한 이유

또한 60년대 중반 자크 델라에이, 메리 퀸트, 앙드레 쿠레주 등의 패션 디자이너들이 패션쇼를 통해 미니드레스를 선보인 후 미니스커트가 대대적인 인기를 끌기 시작했다. 슬리브리스 미니드레스는 주로 A라인 스타일로 다양한 컬러에 꽃무늬나 기하학적 프린트로 꾸며졌다. 커다란 프린트나 과장된 액세서리에 거부감이 적어 커다란 귀걸이나 기다란 인조속눈썹이 유행했다. 미니멀리즘에 대한 관심이 커지면서 몬드리안의 작품을 A라인 미니원피스에 프린트한 스타일이 디자인되기도 했다.

50년대가 엘레강스한 여성미를 선호했다면 60년대는 귀엽고 발랄한 이미지의 여성상이 인기를 끌며 헤어디자이너 비달 사순의 짧은 보브컷이 유행했다. 여성들은 가냘픈 몸매의 패션모델인 트위기처럼 중성적이고 미성숙한 소녀 스타일을 선호했다. 또한 뮤지컬 〈비치파티〉의 인기와 함께 비키니 수영복이 주류로 들어오게 된다. 비키니는 1946년 7월 프랑스 파리에서 열린 수영복 대회에서 처음 선보였는데 당시 남태평양의 비키니 섬에서 진행된 미국의 핵폭탄 실험만큼 충격적이라는 의미로 비키니라는 이름이 붙었다. 이후 종교계의 계속되는 반발과 심사위원들의 집중을 방해한다는 이유로 1951년까지 미스월드 콘테스트에서 착용이 금지됐고 여배우들의 화보에만 종종 등장하다가 60년대 들어 본격적으로 대중에 흘러들었다. 비키니는 1969년 7월 16일 인류 최초로 달에 첫 발을 내디딘 닐 암스트롱이 지구를 대표하는 물건 가운데 하나로 아폴로 11호에 싣기도 했다.

60년대 초반에는 당시 미국의 영부인이었던 재클린 케네디의 패션이 대중에 영향을 끼쳤다. 사랑스러운 외모와 상위 계층의 이미지는 많은 여성들이 그녀의 패션을 따라 하게 만들었다. 특히 그녀가 자주 쓰고 나오던 납작하고 동그란 약통 같은 모자는 필박스라 불리며 미국에서 크게 유행하였다.

재클린 케네디의 모자

한편 베트남 전쟁이 길어지면서 사람들 사이에 전쟁에 대한 회의감이 깊어지고 60년대 말에 이르러 반전운동이 거세진다. 젊은이들은 정처 없이 떠돌아다니던 히피들처럼 자연으로 돌아가자는 구호를 외치며 전쟁의 종식과 평화를 바랐다. 깔끔하게 딱 떨어지는 슈트 스타일링을 즐기던 비틀스도 60년대 후반에는 수염과 헤어를 기르고 꽃과 같은 자연

60년대 초반의 비틀스(왼쪽)와 후반의 비틀스

의 무늬가 새겨진 셔츠를 입는다. 공장에서 찍어내는 기성품 느낌에 반발하여, 묶어서 염색한 후 묶음을 푸는 방식인 타이다이tie-dye염색이나 에스닉한 느낌의 페이즐리 프린트가 인기를 끌었으며 남녀 모두에게 자연스러운 장발이 유행했다.

1970년대
야성의 히피

60년대 말의 반전운동 분위기에서 떠오른 히피 스타일이 잔드라 로즈 등 주류의 패션디자이너들을 통해 완화된 스타일로 소개되며 70년대 패션 전반에 영향을 끼쳤다. 히피 스타일은 남미나 인도 스타일의 자수가 놓인 옷이나 꽃무늬 프린트가 장식된 초커, 던들스커트 등 당시 유행 아이템에서 쉽게 찾아볼 수 있다. 과시적이고 눈에 띄는 패션보다 자연스러운 패션이 선호됐으며 맞춤복보다 기성복이 패션의 주요 산업으로 자리 잡았다.

60년대부터 활발하게 진행된 여권운동은 70년대 자유의 물결과 함께 유니섹스 경향으로 이어진다. 여성 패션에 바지가 주요 아이템으로 떠올라 활동성 있는 진jean이 유행했는데 나팔 모양의 벨보텀 바지가 인기를 끌었다. 스커트의 경우 미니뿐 아니라 중간 길이인 미디나 긴 길이의 맥시 등 다양한 길이가 선보였다.

머리에 빗을 꽂은 멋쟁이

남성 헤어는 길고 층이 있는 스타일이 유행했으며 빗을 액세서리처럼 머리에 꽂고 다니기도 했다. 국내에서도 남성의 장발이 유행했는데 정부가 이를 단속해 경찰이 '바리깡'을 들고 다니며 남자들의 머리를 부분적으로 밀기도 했다. 장발 단속이 심했을 때도 유행을 따르고자 하는 남성들은 단속을 피해다니며 헤어 스타일을 유지하고자 했다.

벨보텀 진과 칼라가 넓고 화려한 무늬의 셔츠를
입고 플랫폼 슈즈를 신은 70년대 남성의 모습이
담긴 우표

70년대는 전반적으로 자유롭고 자연스러운 스타일을 선호했다. 대중적으로 많은 사람들이 공유할 수 있는 패션이 부각되었는데 클럽과 같이 저녁시간에 젊은이들이 자유를 누리는 공간에서는 화려함이 추가되었다. 70년대 초반 영국과 미국 젊은이들에게는 데이비드 보위 같은 글램록 스타들의 영향으로 글리터 패션이 유행했다. 남성들은 금사나 은사가 들어간 라메 슈트나 은색 재킷, 라인스톤의 징으로 장식된 셔츠를 입었다. 디스코의 인기와 함께 수공예 느낌의 패브릭 셔츠가 인기를 끄는 등 남성복 셔츠가 화려해졌다.

70년대 중반부터 남성과 여성 의류 모두 실루엣이 좁아진다. 딱 맞게 디자인된 재킷의 어깨선이 더 좁아보이도록 셔츠 칼라나 라펠, 넥타이는 넓어진다. 전반적으로 몸에 달라붙는 패션이 세련된 것으로 인식되어 좁고 딱 맞는 스타일을 선호했다. 젊은 여성들은 자연스럽고 야성적인 모습을 섹시하다고 여겼다. 허리 부분을 노출하는 크롭톱이나 배 주위에서 옷단을 묶는 톱 스타일이 유행했고, 앞가르마를 타고 자연스럽게 컬이 있는 헤어나 층을 많이 낸 짧은 섀기컷이 유행했다. 영화로 제작되기도 했던 70년대 미국 드라마 시리즈 〈미녀삼총사Charlie's Angels〉의 배우 파라 포셋이 70년대를 대표하는 섹스 심벌이었다. 영화 〈토요

일 밤의 열기〉를 보면 뭔가를 이야기하러 아들 방에 올라온 아버지가 대화는 뒷전이고 벽에 붙어 있는 포셋의 사진만 뚫어지게 바라보는 장면이 나온다. 자연스러운 새기 스타일의 금발에 원피스 형태의 스윔슈트로 돋보이는 육감적 몸매는 당시 매력적인 여성의 전형이었다.

1980년대
마돈나와 파워숄더

80년대 패션 전체를 대표하는 단어는 빅big이다. 70년대의 패션 트렌드가 타이트한 상의와 플레어 스타일의 하의였다면 80년대 패션의 포인트는 한껏 힘이 들어간 어깨다. 너도나도 어깨를 과장하는 패드를 착용했는데 이를 파워숄더라 하고, 파워숄더로 디자인된 슈트를 파워슈트라 불렀으며 이러한 80년대 룩이 바로 '빅 룩'이다. 여성의 블라우스에도 패드가 들어가 블라우스 위에 재킷을 입으면 미식축구 선수들처럼 어깨가 넓고 각지게 보였다.

크게, 더 크게

영화 〈워킹걸〉, 1988

패드는 유독 여성 패션에 특징적이었는데 당시 이렇게 어깨를 강조한 파워 드레싱을 여성의 사회 진출과 연관시키는 의견이 많았다. 남성들처럼 직장 속에서 자리 잡아 일하는 당당한 여성의 모습이 선망의 대상이 되면서 직장여성을 가리키는 '커리어 우먼'이란 단어가 도시적인 이미지를 설명하는 데 주로 사용된다. 여성들은 사자갈기처럼 붕 띄운 헤어스타일을 선호했다. 긴 앞머리를 무스나 헤어스프레이로 한껏 세웠다. 높은 앞머리가 자존심의 표현이라는 말이 나올 만큼 경쟁적으로 높이 만들었다.

귀걸이나 목걸이, 벨트 등 액세서리 또한 큼직큼직했다. 프레임이 큰 안경도 유행했다. 당시 대부분의 선글라스 회사들은 할리우드 배우 톰 크루즈에게 신세를 졌다고 해도 과언이 아니다. 1986년 영화 〈탑 건〉을 통해 조종사들의 안경 스타일인 레이밴 에비에이터 선글라스를 선보이면서 레이밴의 매출이 크게 상승했다.

80년대는 역동적이고 건강한 신체에 호감을 느꼈던 시기다. 1984년 마돈나가 데뷔했을 때 신디 로퍼와 이미지가 겹쳐 반짝하다 사라질 것이라고 예측되기도 했지만 특유의 에너지로 무대를 장악하는 모습이 사람들을 사로잡으며 세계적인 스타덤에 올랐다. 1980년 개봉한 뮤지컬 영화 〈페임〉을 시작으로 〈플래시 댄스〉, 〈더티 댄싱〉 등 댄스 영화들이 인기를 끌었는데, 댄서들이 연습할 때 입듯이 슬리브리스 위에 헐렁한 크롭톱을 걸치는 것이 유행이었다.

이러한 댄스 열기 속에 에어로빅 TV쇼나 가정에서 따라 할 수 있는 에어로빅 비디오가 유행했다. 대표적으로 영국 가수 올리비아 뉴턴 존이나 미국 배우 제인 폰다의 에어로빅 비디오가 있다. 유방암을 이겨낸 올리비아 뉴턴 존과 페미니스트인 제인 폰다가 에어로빅을 하는 모습은 대중에게 긍정적으로 다가왔다.

80년대 톱모델들이 다른 시대와 달리 건강한 미인상을 보여주는 데서도 이 같은 분위기를 알 수 있다. 당대 인기 모델인 캐럴 알트나 크리스티 브링클리는 헬스트레이너를 연상케 하는 몸매와 이미지를 가지고 있었다. 전반적으로 밝고 활기찬 분위기가 주목받으면서 유행 컬러에도 이러한 분위기가 반영된다. 네온 컬러의 레깅스, 레오타드나 레그워머, 헤드밴드 등 에어로빅 의상들이 자연스럽게 일상복으로 이어졌다.

젊은이들은 카세트테이프를 넣은 커다란 라디오를 어깨에 올리고 흔들거리며 걸었다. 이후 일본 기업 소니가 걸어 다니며 음악을 듣는 것에 초점을 맞춰 만든 워크맨walkman을 시장에 내놓으며, 귀에 이어폰을 끼는 것이 하나의 패션으로 인식되기도 했다.

80년대 패션 시장에서 주목할 점은 대중패션에서 브랜드 네임이 중요해진 것이다. 나이키나 아디다스를 신고 캘빈클라인이나 게스를 입는 것은 부러움을 한 몸에 받는 청소년의 표상이었다. 운동선수의 이름을 딴 운동화도 유행하기 시작했다. 1984년 선보인 에어 조던은 다른 운동화에 비해 고가임에도 불구하고 10대 남학생들에게 선풍적인 인기를 끌었다.

아방가르드

이 시기는 일본 패션 디자이너들의 활발한 유럽 진출도 특징적이었다. 꼼 데 가르송의 레이 가와쿠보, 준야 와타나베, 이세이 미야케, 요지 야마모토 등이 유럽 시장에 진출해 서양과 다른 일본만의 스타일을 선보였다. 서양 패턴의 기본이 인체 곡선을 따르는 재단인 데 비해 이들은 패턴을 해체해 몸의 일부를 부풀리거나 첨가하는 자유로운 디자인을 선보였다. 이들은 블랙을 주로 사용하며 철학적인 사고를 디자인 콘셉트로 잡았다. 유럽의 미디어들은 이러한 일본의 독특한 패션을 순수예술에서 사용하는 아방가르드라 표현했다. 프랑스어인 아방가르드avant-garde는 군사용어로, 전쟁 중에 앞avant에서 적의 움직임을 정찰garde하는 임무를 맡은 군대다. 예술에서는 앞으로 전개될 새로운 예술을 탐색하며 그 시작을 보여주는 혁명적인 경향이나 운동을 지칭할 때 사용된다. 예를 들어 실내에서 사물을 재현한 것이 그림의 대부분이었던 시대에 밖으로 나가 빛에 따라 움직이는 배경과 생생한 분위기를 화폭에 표현하던 인상파 화가들의 작품 역시 아방가르드로 볼 수 있다.

이렇듯 진보적인 새로움을 나타내는 용어인 아방가르드를 당시 일본 디자이너들의 패션을 설명할 때 사용하면서, 이후 패션에서 아방가르드는 패턴이 독특하고 철학적인 콘셉트가 담겨 있는 옷을 가리키게 되었다. 패션쇼에는 소매가 하나 더 달리거나 뒤집어 재단한 옷처럼 아방가르드한 의상이 종종 선보이는데, 디자인 콘셉트를 표현하고 홍보하는 쇼를 위해 제작되는 것과 판매를 위한 제품이 항상 일치하는 것은 아니다. 하이패션에서 사용되기 시작한 용어인 아방가르드는 90년대 대중 패션에서 유행의 한 축을 담당하게 된다.

1990년대
우울한 테리우스

"눈 내리는 밤은 언제나 참기 힘든 지난 추억이 / 가슴 깊은 곳에 숨겨둔 너를 생각하게 하는데 / 어두운 미로 속을 헤매던 과거에는 / 내가 살아가는 그 이유 몰랐지만 / 하루를 살 수 있었던 것 네가 있다는 그것 / 너에게 모두 주고 싶어 너를 위하여 / 마지막 그 하나까지."

– 1993년 1월 방영된 드라마 〈걸어서 하늘까지〉 OST 중에서

80년대의 밝고 에너지 넘치는 분위기는 90년대 들어 다른 양상을 띤다. 어둡고 아련한 슬픔을 다루는 소설이나 영화, 드라마가 인기를 끌었다. 소설을 원작으로 한 드라마 〈걸어서 하늘까지〉는 소매치기인 아버지 밑에서 의남매로 자란 정호(최민수 분)와 지숙(김혜선 분)의 이루어질 수 없는 사랑 이야기다. 터프한 이미지의 배우 최민수는 뒷머리를 기르고 검정 터틀넥에 가죽점퍼를 입어 그늘진 분위기를 풍겼다. 감성이 트렌드였던 당시에 이루어질 수 없는 의남매의 애절한 사랑 이야기는 흔한 소재였다.

세기말의 우울

영화 〈비트〉에서 민(정우성 분)의 아련하고 반항적인 눈빛은 청춘들을 열광시켰다. 고개를 숙인 채 앞머리를 길게 드리워 관객은 그의 치켜뜬 한쪽 눈만 볼 뿐이었다. 톤다운된 컬러의 프린트 없는 셔츠와 바지는 쓸쓸한 분위기를 강조했다. 드라마 〈별은 내 가슴에〉의 경우 캔디형 캐릭터 연이(최진실 분)와 부유한 매너남 준희(차인표 분)의 러브스토리가 메인이었지만, 서브 캐릭터인 강민(안재욱 분)이 고독한 반항아 이미지로 인기를 모으면서 연이와 강민의 사랑으로 끝을 맺었다. 준희는 머리를 뒤로 넘기고 슈트에 넥타이를 깔끔하게 매치한 반면, 강민은 앞머리로 한쪽 눈을 가리고 셔츠의 단추를 세 개쯤 풀어 헤친 채 금목걸이와 반지, 선글라스 등의 액세서리를 착용했다. 이처럼 반항적이고 모호한 이미지가 선호되면서 신비롭고 몽환적인 콘셉트의 SK텔레콤 TTL 광고가 큰 인기를 끌기도 했다.

1990년 7월 16일자 〈타임스〉 표지에는 당시 젊은이들의 모습이 담겨 있는데, 검은 옷을 입고 웃음기 없는 표정으로 제각각 다른 방향을 보고 있다. 부모 세대인 베이비부머가 밝고 열정적인 20대의 모습을 보여줬다면 이 시기의 젊은이들은 회의적인 모습으로 자기만의 길을 걷는 X세대의 모습을 보여준다. X세대는 독립적인

성향과 개성을 중시하면서 남과 다른 모습을 선호했다. 90년대 초반 배우 이병헌과 가수 김원준이 출연한 화장품 광고 카피가 이를 한눈에 보여준다.

"나는 누구인가"
"이성 〈 느낌"
"나를 알 수 있는 건 오직 나"

또한 이 시기는 몇몇 패션모델들의 인기가 할리우드 배우들을 초월했던 때이기도 하다. 신디 크로포드, 클라우디아 쉬퍼, 나오미 캠벨 등이 대표적이다. 영화 〈귀여운 여인〉의 배우 리처드 기어가 신디 크로포드의 연인이었을 때, 파파라치들이 신디 크로포드의 독사진을 찍기 위해 리처드 기어에게 잠시 비켜달라고 요청할 정도였다. 당시 국내에서도 패션모델에 대한 관심이 늘어 슈퍼모델 이소라, 홍진경 등이 활발히 활동했으며 다이어트를 위한 에어로빅 비디오를 내서 선풍적인 인기를 끌기도 했다. 80년대의 에어로빅 비디오가 건강한 몸을 위한 것이었다면 90년대의 에어로빅 비디오는 전적으로 체중 감량을 위한 것이었다.

80년대의 상징이었던 어깨패드는 자취를 감췄다. 상의는 어깨 폭이 좁고 타이트하게 디자인되었다. 여성 패션에서는 배 부분이 노출되는 크롭톱, 이른바 배꼽티가 열풍이었다. 남녀 모두 몸에 달라붙는 셔츠가 유행한 동시에 힙합의 인기로 크고 헐렁한 셔츠도 함께 인기를 끌었다. 신발은 70년대 복고 분위기의 투박한 플랫폼 슈즈가 선호됐다. 청바지 앞주머니나 뒷주머니에 연결하는 허리 체인, 피어싱과 타투, 헤어의 일부만 염색하는 브릿지 염색이 트렌드로 나타나기도 했다. 여성들은 더 이상 헤어를 부피감 있게 띄우지 않고 긴 생머리에 머리띠를 했다.

찢어진 청바지로 대표되는 그런지 패션이 인기를 끌어 당시 이화여자대학교 앞에는 미국 등지에서 가져온 구제 청바지를 판매하는 상점들이 성황을 이뤘다. 이랜드그룹의 박성수 회장도 당시 이대 앞에서 구제 상점을 운영하던 상인이었다. 낡은 것, 지나간 것에 대한 관심은 복고풍과 연결되어 특히 70년대 스타일이 많이 등장했다. 복고와 함께 동양적인 것에 대한 선호가 본격화되면서 젠zen 스타일이 인기를 끌어 요가 학원이나 인도 음식점이 급증했다.

퓨전과 키치

또한 다양한 분야에서 퓨전을 시도했다. 90년의 믹스는 섞임 자체에 중점을 두는 것이어서, 인도 음악이 흘러나오는 레스토랑에서 와인과 카레를 즐기고 좌식 테이블이 있는 동양식 식당에서 경쾌한 팝음악이 나왔다. 이러한 90년대의 퓨전은 패션에서 '키치'의 특성으로 나타난다. 아방가르드와 상반된 의미를 가진 키치는 '값싸게 만들다' 는 뜻의 독일어 verkitschen에서 유래했는데 모작 등을 비꼬는 의미로 사용되던 용어다. 이후에는 기존 예술의 엄숙함을 조롱하기 위해 의도적으로 유치하게 표현하는 기법을 뜻하며 하나의 장르가 된다. 키치의 대표적인 아티스트인 제프 쿤스는 바스락거리는 싸구려 포장지로 겉만 부피감 있게 포장한 선물이나 속이 텅 빈 풍선 조각 등을 제작한다. 90년대의 회의

적이고 반항적인 분위기와 맞물린 키치의 영향으로 저급문화는 보다 당당해지고 고급문화는 촌스러워진다. 국내에서 허무개그, 음치 가수, 패러디 가수 등이 등장하고 패션에서 가장 싫어하는 단어인 '촌스럽다'가 이때만큼은 예외적으로 패션 콘셉트로 사용된다.

이러한 분위기는 이른바 키치적 감상과 이어졌다. 키치적 감상은 밀란 쿤데라의 소설 《참을 수 없는 존재의 가벼움》에서 말하는 이차적 눈물에 해당된다. 들판에 뛰노는 어린아이의 순수함이 너무 아름다워 저절로 흐르는 눈물을 일차적 눈물이라 한다면, 이 눈물을 인식하고 '아, 나 지금 울고 있어. 감동적이야.' 하면서 감상이 증폭돼 흐르는 것이 이차적 눈물이다. 즉 대상에 대한 일차적 정서가 조장하는 감상, 더 가벼운 의미의 정서가 키치적 감상이다. 키치적 감상이 애국심과 연결되면서 815콜라, 천리안 등 한글 브랜드명도 늘어났다. 영어 일색이던 패션 브랜드명도 복고적이면서 다소 촌스러운 이름들로 대중의 호감을 얻었다. 잠뱅이, 지지배, 아가씨, 쌈지 등이 대표적이다.

2000년대
보헤미안의 엣지

2000년대 '모태솔로남'의 소개팅 전날이다.

> '오늘 깔끔하게 이발도 하고 와이셔츠와 바지는 줄을 쫙
> 잡아 다림질해놓았다. 내일 형의 재킷을 빌려 입고 나갈
> 예정이다. 기분이 좋다. 일찍 일어나야지.'

기대감에 들뜬 기분이야 이해는 하지만 계획한 패션 스타일링은 걱정스
럽다. 2000년대에 이렇게 '애쓴' 패션은 상대방의 호감을 얻는 데 효과
적이지 않기 때문이다. 다소 과장된 형태의 아방가르드가 패션의 한 획
이었던 90년대와 달리 2000년대는 옷에 의미를 부여하거나 새로운 형
태를 창조하는 행위는 세련됨과 거리가 있다고 인식했다. 열심히 꾸민
티가 나는 것을 선호하지 않았기 때문에 메이크업에서도 입술 라인을
그대로 두고 생기만 더해주는 립글로스가 유행하는 등 내추럴 메이크업
이 대세였다.

또 과거에는 고급 패션을 앙드레김, 지춘희, 이상봉 등 국내 디자이너
부티크들이 주도했지만 2000년부터는 루이비통이나 구찌, 에르메스 등
해외 럭셔리 브랜드들이 그 자리를 대신했다.

자연스럽고 여유롭게

과거에는 집에서 쉬거나 운동할 때만 입던 트레이닝복이 대중적인 인기를 얻기 시작해, 벨벳 같은 고급 재질로 만든 트레이닝복도 나왔다. 특히 할리우드 스타들이 이를 세련되게 스타일링하면서 유행을 주도했다. 제니퍼 로페즈는 뮤직비디오에서 핑크색 트레이닝복에 하이힐을 매치했고 패리스 힐튼은 트레이닝복에 고가의 가죽가방을 들었다. 동네 마트에 갈 때나 입던 '추리닝'이 무대 의상으로 탈바꿈한 것이다.

여성들은 긴 생머리의 청순가련형에서 벗어나 다양한 단발 스타일링을 선호하기 시작한다. 걸그룹들을 보면 90년대와 확연한 차이를 느낄 수 있다. 90년대에는 긴 생머리를 하고 흰 원피스를 입은 채 무릎을 굽혔다 펴는 율동 수준의 청순한 콘셉트가 많았다면, 2000년대 이후에는 적극적이고 섹시한 콘셉트가 많다. 가슴과 다리, 골반을 드러내기 시작했고 가슴과 엉덩이에 패드를 넣은 속옷도 함께 유행했다.

90년대가 전반적으로 감성을 선호했다면 2000년대는 호감도에서 이성이 차지하는 비중이 커졌다. 똑같이 '낡은' 느낌을 표현하더라도 반항적인 그런지 스타일보다는 성숙하고 고급스러운 빈티지 스타일을 추구했다. 에스닉한 액세서리와 세련된 보헤미안 감성의 시크함이 인기를 끌었다. 자연스럽게 옷을 겹쳐 입는 레이어드 스타일, 쉬마그처럼 크고 넓은 스카프가 유행했다. 이러한 분위기의 기저에는 여유로움이 있었다. 보헤미안 역시 자유 자체보다 자유를 누릴 수 있는 전제로서의 시간적·경제적 여유로움을 표출하는 것이다. 누드 메이크업이나

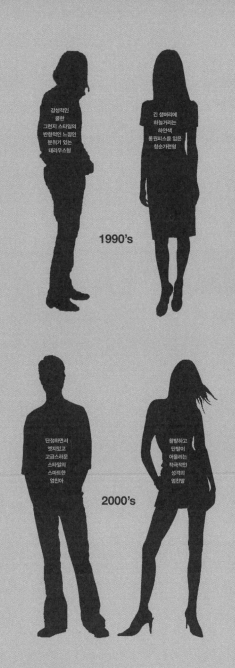

감성적인
쿨한
그런지 스타일의
반항적인 느낌인
분위기 있는
테리우스형

긴 생머리에
하늘거리는
하얀색
롱원피스를 입은
청순가련형

1990's

단정하면서
엣지있고
고급스러운
스타일의
스마트한
엄친아

활발하고
단발이
어울리는
적극적인
성격의
엄친딸

2000's

빈티지도 그 바탕엔 고급스러움이 깔려 있었기에 대중의 호감을 불러 일으킬 수 있었다.

아웃도어와 SPA

2000년대 패션 스타일로 빼놓을 수 없는 것이 스키니진이다. 당시 남자 중고등학생들이 너도나도 교복바지를 줄이는 데 지대한 영향을 끼친 사람이 있다. 바로 디올 옴므의 크리에이티브 디렉터 에디 슬리먼이다. 그는 스키니한 남성복을 디자인해 깡마른 남성 모델들이 이를 입고 런웨이를 거닐도록 했다. 반응은 폭발적이었다. 패션은 공기와 물 같은 것이어서 하이패션이라는 큰 줄기가 생기면 평범한 일상에도 그 경향이 자연스럽게 흘러들게 된다. 부모들이 교복바지 수선에 대해 타박하고 싶다면 아들이 아니라 에디 슬리먼에게 해야 했다.

아웃도어 시장이 급속도로 커져 국내외 등산복 브랜드가 대거 론칭한 시기이기도 하다. 기존에 백화점 스포츠매장의 메인이던 골프복 브랜드들은 2000년대 후반부터 아웃도어 브랜드에 자리를 내주게 된다. 등산복 광고 모델은 전문 산악인에서 몸값 높은 스타들로 바뀐다. 한편 콘셉트보다 트렌드가 중요하게 인식되면서 브랜드에 대한 충성도가 급격히 떨어지기 시작했다. 유행을 좇는 패스트패션 브랜드의 규모가 점차 커져 ZARA나 H&M, 유니클로 등 해외 SPA 브랜드가 강세를 보였다.

90년대의 키치적 퓨전은 단순한 믹스를 넘어 믹스를 통한 기능의 신장을 의미하는 하이브리드 또는 컨버전스로 변화한다. 2000년대의 믹스는 섞는 행위를 통해 더 진화되고 보다 강해진다. 컬래버레이션은 새로운 시도 자체에 초점을 둔 게 아니라 더 나은 결과물을 위한 융합이었다.

2010년대
미니멀&스마트

2010년 이후를 대표하는 단어는 '미니멀'과 '스마트'이다. 이 두 단어는 연결선상에 있는데, 미니멀은 스마트함을 위한 전제다. 이 시기의 미니멀은 단순히 결과로서의 심플함이 아니라 기능성을 포함한 넓은 의미다.

> 선생님이 수업시간에 학생 여러 명을 앞으로 불러 펼쳐 세웠다. 그러고는 넓적한 판자를 가져와 학생들의 머리 위에 지붕처럼 얹은 다음, 앞에 앉은 학생에게 판자가 떨어지지 않게 학생들을 한 명씩 빼보라고 했다. "파란 셔츠 입은 남학생이요.", "머리 긴 여학생이요." … 이렇게 한 명씩 지목하던 학생은 이내 주춤했다. "이제 더 이상 못 빼겠습니다."

이것이 미니멀이다. 현재 남아 있는 것 중 한 가지라도 더 빼면 사물 자체가 존재할 수 없는 상태, 즉 현재 사물을 구성하고 있는 모든 요소가 필수적임을 보여주는 것이다. 그래서 미니멀의 키워드는 심플이 아니라 에센스다. 에센스만 남기는 것이 미니멀이며, 심플은 미니멀을 추구한 결과적 특성이다. 미니멀한 스타일로 유명한 독일 건축가 미스 반 데어 로에는 'Less is more'라고 말했다. 직역하면 '간결한 것이 더 아름답다' 정도로, 그의 작품은 최소한의 요소로 구성된 세련된 형태를 보여준다. 이후 브라운사의 산업 디자이너 디터 람스가 'Less but better'라며 미니멀의 개념을 양에서 질로 확장했다. 내재된 가능성에 초점을 맞춰 가치 있는 것만을 남기기 위해 빼내는 작

〈책상과 의자〉, 도널드 저드

업이 미니멀이라면 가치를 덧붙이는 것도 미니멀의 일환이라는 것이었다. 이러한 의미로 미니멀은 형태의 단순화를 넘어 기능적인 특징과 연결된다. 미니멀아트로 이름을 알린 미국의 미술가 도널드 저드가 공간을 활용한 책상과 의자를 작품으로 선보인 것도 기능을 부여한 미니멀 작업의 일환이었다.

첨단을 걷는 패션

질샌더나 캘빈클라인의 경우 단지 스타일이 심플해서만이 아니라 피트감이나 패브릭의 품질에 신경 썼기에 대표적인 미니멀 패션 브랜드로 자리 잡을 수 있었다. 종종 첨단 기술을 요하는 고기능성 제품들이 패션 브랜드와의 컬래버레이션을 통해 한정판 제품을 기획한다. 이때 가장 효과적인 것은 미니멀을 콘셉트로 추구하는 패션 브랜드와 협업하는 것으로, LG 프라다폰이나 제네시스 프라다가 대표적인 사례다. 이들 제품은 패셔너블한 동시에 기능이 탁월하면서 럭셔리한 느낌까지 강조할 수 있었다. 만일 프라다처럼 미니멀을 추구하는 패션 브랜드가 아니었

다면, 럭셔리하고 패셔너블한 느낌은 줄 수 있어도 고가의 기능성에 대한 기대를 채우기에는 적합하지 않았을 것이다. 겉모양은 세련되고 멋지지만 기능에는 신경을 덜 쓴, 즉 가격에 거품이 존재할 것이라는 인상을 줄 수 있기 때문이다.

기능성에 대한 요구가 점차 커져 패션에도 웨어러블 컴퓨터라는 단어가 익숙해지기 시작했다. 삼성물산이 2014년 선보인 로가디스 스마트 슈트는 근거리 무선통신인 NFC를 접목한 것으로 IT와 패션의 협업을 보여준다. 과거에는 수상 스포츠용 의류로만 소비되던 래시가드가 대중적인 수영복으로 자리했고, 등산용으로 제작된 바람막이 재킷이 평상복으로 활용되고 있다. 방수 효과가 있고 형태 복원력이 뛰어나 해녀복 등에 사용되던 네오플랜 소재가 맨투맨이나 재킷으로 재탄생하기도 한다.

싸구려 대신 저렴이

명품 가방에 대한 선망이 상대적으로 사그라들고 있는 것도 2010년대의 특징이다. 2000년대 초에는 경제적으로 자리를 잡지 못한 20대도 명품을 소유하고자 하는 욕구가 뚜렷했고, 소위 짝퉁이라 불리는 모조품 구매도 활발했다. 비슷한 가격이라면 중저가 브랜드 가방보다 짝퉁 가방을 사려는 소비자도 많았다. 하지만 이후 편안하고 저렴한 가방을 구매하고자 하는 20대가 늘어났다. 이 과정에서 가격 거품을 뺀 중저가 가방 브랜드가 대거 등장했는데, 라빠레뜨나 블랙마틴싯봉 등이 대표적이다. 또한 내면에 대한 관심과 함께 유기농과 힐링에 대한 수요가 늘어 에코백 판매도 크게 증가하고 있다.

이 같은 분위기에서 합리적인 가격에 유행을 선도하는 SPA 브랜드들이 여전히 인기를 끌고 있다. 안 팔리던 옷의 가격표에 0을 덧붙이니 팔렸다는 우스갯소리처럼 패션 제품에는 가격 거품이 존재하던 것이 사실이다. 하지만 2010년 이후 고가 제품에 대한 선호도가 급격히 떨어지면서 거품이 빠지기 시작했고, 소비자들은 '싸구려' 대신 '저렴이'라는 말로 이에 호감을 나타낸다. 이른바 가성비가 고려되는 것이다. 이처럼 변화하는 분위기에 대응하기 위해 럭셔리 브랜드들은 기존에 고급을 강조하던 마케팅에서 헤리티지heritage를 부각시키는 쪽으로 방향을 바꾸게 된다. 이에 따라 과거에 고가와 저가의 가격군으로 나뉘던 패션시장은 지향하는 가치, 즉 헤리티지와 트렌드로 나뉘는 추세다.

특정 아이템들로 표현되는 부자의 전형이 사라지고 스마트하고 매너 있는 모습이 여유 있는 사람들의 특징으로 나타나게 된다. 커다란 모피와 명품백이 미디어에서 형상화한 부자의 전형이었다면, 현재는 스마트하고 당당한 태도가 경제적 상류계층의 모습으로 비친다. 이에 따라 과하게 꾸미지 않으면서 세련된 멋이 나는, 평범하면서도normal 철저한 hardcore 놈코어normcore 룩이 선호된다.

킬힐 같은 높은 굽보다 플랫이나 슬립온 형태의 슈즈가 인기를 끌고 팬츠 스타일로는 스키니 팬츠와 통이 넓은 와이드 팬츠가 함께 유행하고 있다.

액세서리로는 이전에 금속 소재의 팔찌가 유행하던 것에 비해 가죽 소재의 팔찌가 남녀 모두에게 선호되고 있다. 또 성숙기에 접어든 아웃도어 시장은 라이프스타일 콘셉트로 시장을 확장하면서 운동복과 일상복을 한 번에 갖춘 스타일을 선보이는데, 이를 애슬레틱athletic과 레저 leisure의 합성어인 애슬레저 룩이라 한다.

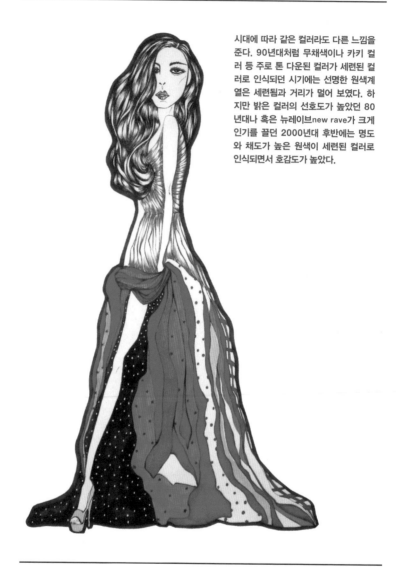

시대에 따라 같은 컬러라도 다른 느낌을 준다. 90년대처럼 무채색이나 카키 컬러 등 주로 톤 다운된 컬러가 세련된 컬러로 인식되던 시기에는 선명한 원색계열은 세련됨과 거리가 멀어 보였다. 하지만 밝은 컬러의 선호도가 높았던 80년대나 혹은 뉴레이브new rave가 크게 인기를 끌던 2000년대 후반에는 명도와 채도가 높은 원색이 세련된 컬러로 인식되면서 호감도가 높았다.

젊음이 아까운 나이에
멋을 내고 싶은 것은 당연하다.
청춘에게 패션은
아름다움에 대한 욕망이면서
경제적으로 여유로운 기성세대에
기죽지 않을 수 있는 무기다.

패션은
반항이다

STEP 04

새로운 패션은 안정을 추구하는 기성세대보다 역동적인 젊은이들 혹은 다양한 마이너 그룹에서 주로 나타난다. 주류에 반하는 마이너 그룹을 하위문화subculture라 하는데 집단의 크기가 작고 취향이나 연령, 계층에 따른 공통점으로 묶여 있어 쉽게 눈에 띄며 나름의 특색이 있다. 기성세대가 주류라면 젊은이들이나 청소년층이, 이성애자가 주류라면 동성애자가 하위문화를 이룬다고 할 수 있다. 소수 인종도 하위문화를 형성한다. 이들은 자신을 드러내는 방법으로 특유의 감성과 취향이 포함된 그들만의 패션을 만든다.

특색 있는 패션으로 주류에 영향을 끼친 하위문화로는 고스, 펑크, 그런지, 모즈, 히피 혹은 보헤미안, 로커, 힙합, 펑크, 글램 등이 있다. 하위문화는 시간이 흘러 초기의 반항성이 점차 퇴색되고 정형화된 하나의 스타일로 정립되면서 고유성을 가지게 된다. 예를 들면 60년대 젊은이들의 대표적인 하위문화였던 모즈는 기성세대와 다른 취향과 태도, 가치관을 드러내며 일종의 반감을 가지고 시작되었지만 이후 큰 영향을 미치면서 하나의 문화로 자리 잡았다. 현재 모즈는 하나의 정형화된 스타일로 패션 등 다양한 분야에서 콘셉트로 활용되고 있다.

2000년대 이후의 하위문화는 과거와 다른 양상을 보인다. 우선 기성세대에 대한 반항과 반감이 약화되었다. 이는 과거 대학들에서 정부 비판적인 운동권이 주된 분위기를 이끌었다면 최근에는 그러한 경향이 현저히 약해진 문화와 관련된다. 또한 젊은이들이 문제를 외부에 돌리기보다 내부, 즉 자신에게 돌려 포기하거나 유순하게 적응해가는 특성도 두

드러진다. 이러한 변화에 따라 하위문화 또한 유순해진 경향이 보인다. 하위문화의 주된 모임 장소인 길거리는 기성세대의 권위와 대척점을 이루는 장소에서, 상업적이고 보편화된 장소로 변화했다. 스트리트 패션 역시 예전엔 하이패션과 다른 양상을 보였지만, 현재는 트렌디하고 세련된 느낌으로 다가오기 시작했다. 이제 길거리는 마이너를 위한 장소로 한정되지 않고 대중에게 관심을 받고자 하는 기업들의 장으로 이용되고 있다.

90년대 유행했던 어두운 느낌의 고스가 2000년대 이르러 귀여움이 첨가된 가벼운 이모키즈의 형태로 유행했던 것이나, 90년대 뒷골목에 어울리던 반항적인 힙합 스타일이 2000년대에는 번쩍거리는 무대 위에서의 럭셔리가 강조된 형태로 나타난 것도 이러한 사회 현상의 반영이다.

테디보이
사랑해요, 에드워드 형

젊은 세대가 멋을 내고 싶은 욕구가 강한 것은 당연한 일이다. 인생에서 가장 아름다운 외모를 가졌을 때인 것을 알기 때문이다. 젊은이들에게 패션이란 욕구이면서 무기다. 경제적 여유가 있는 기성세대에게 기죽지 않는 방법은 젊음을 무기로 멋을 낸 후 뽐내는 것이다.

1950년대 중반 런던의 젊은이들은 멋을 내고 싶었다. 경제적으로 풍족하지 않지만 젊음이 안타깝고 빛나는 외모가 아까웠다. 정통의 느낌이 들면서 트렌디해 보이고 싶던 그들에게 에드워드 7세의 패션은 정답이었다. 빅토리아 여왕의 아들인 에드워드는 자유로운 성격에 센스 있게 옷을 잘 입었다. 정치적 능력이 출중한 어머니가 24년이라는 긴 시간 동안 여왕에 재위하면서, 에드워드는 60세까지 왕세자로 지냈고 이후 68세로 사망할 때까지 짧은 기간 왕위에 있었다. 워낙 자유로운 기질에 정치적으로 본인이 걱정을 안 해도 될 정도의 슈퍼우먼 어머니가 있는 데다 패션에 관심이 많았던 그가 패셔니스타가 된 건 당연했다. 에드워드의 패션은 이후 40년이 훌쩍 지나 젊은이들에게 선택된다. 오트 쿠튀르의 고급스러움에 런던의 고급 수제 양복점이 늘어서 있는 세빌 로 Savile Row의 재단사들이 젊은이들의 취향을 고려해 만든 옷은 50년대의 10대를 사로잡았다. 에드워드의 애칭인 테디Teddy를 본떠 이들은 테디보이Teddy Boy로 불리게 된다.

테디보이들은 폭이 좁은 바지를 롤업해서 입고 부드러운 밑창이 두껍게 달린 스웨이드 재질 신발인 브로셀 크리퍼스brothel creepers를 즐겨 신었다. 또 미국의 40년대 주트zoot 슈트 스타일의 재킷을 선호했다. 베스트를 챙겨 입기도 했고 넥타이 대신 끈을 매기도 했다. 특히 칼라를 벨벳으로 만든 폭이 좁고 긴 코트를 그들의 표식처럼 입었다. 헤어스타일은 기름으로 옆머리는 붙이고 앞머리는 오리 꼬리 모양으로 멋을 냈는데 이를 덕 아스Ducks Arse라 불렀다. 그리고 엘비스 프레슬리라는 스타의 탄생과 함께 세계적 유행이 된 미국의 로큰롤에 열광했다.

10대가 주축이 되어 집단을 이루고 특정 스타일을 선보이는 현상은 시장이 10대에 관심을 보이는 데 큰 역할을 했다. 하지만 충분한 시간이 흘러 하나의 전형이 되기 전까지 하위문화는 반항의 응집체였다. 무리 지어 다니며 편을 나누다 보니 패싸움을 일으키기도 했다. 1953년에 한 소년이 테디보이에게 살해당했

"테디보이 – 최초의 이유없는 반항아들", 1955년 신문에 나온 테디보이들의 모습

고 58년에는 카리브해 출신 이민자들과 테디보이들 사이에 폭력이 발생하면서 100여명이 다치기도 했다. 이후 60년대에 모즈와 로커 등 새로운 젊은이들의 하위문화가 발생하면서 테디보이는 사그라드는 듯했지만 80년대에 복고 패션으로 되돌아오기도 했다.

1950년대 대표적인 하위문화인 테디보이를 시작으로 하위문화에서 10대의 영향력은 현재까지 지속된다. 패션에서 10대의 영향력은 소비력이 큰 성인들에 비해 상대적으로 크지는 않다. 하지만 이들은 또래집단의 행동에 쉽게 영향을 받기 때문에 유행의 힘이 크게 작용한다. 한때 한국 10대들이 노스페이스에, 그리고 미국 10대들이 아베크롬비에 열광하면서 이 브랜드들이 각 나라에서 올린 매출은 어마어마했다. 국내 많은 패션 연구진이 십대의 노스페이스 패딩 구매 행동에 관해 조사했는데, 제품의 가격대가 높아 친구들에게 과시할 수 있다는 점과 한겨울에 교복 위에 따뜻하게 입을 수 있다는 실용성이 주로 언급됐다. 그러나 이 정도로 특정 연령대에 광풍을 불러일으킨 경우는 그들의 미적 취향을 만족시키기도 한 것이다. 성인들 눈에는 교복 위에 걸친 노스페이스가 미적으로 그다지 훌륭하지 않았을지도 모르지만 10대들에겐 노스페이스를 입은 자신의 모습이 꽤나 멋지게 느껴졌을 것이다.

모즈
그때도 요즘것들이 있었다

기성세대가 젊은이들에 대해 말할 때 '요즘애들은…'이란 표현을 쓴다. 모즈는 60년대의 '요즘애'들이었다. 모던modern 재즈를 즐겨 듣던 당시 10대 후반과 20대 초반 젊은이들을 20년대 정통 재즈를 의미하는 트래드trad와 대비해서 모드라 불렀고 이후 모즈Mods로 지칭하게 되었다. 모즈는 기성세대를 비판하기보다 자신들만의 문화를 형성하는 데 에너지를 쏟아, 활기차고 멋졌던 당시의 런던을 형성하는 데 주축을 이뤘다. 비틀스도 이러한 모즈의 이미지를 대변한다. 그들은 기성세대와 다른 그들만의 가치관, 음악, 패션 등을 선보였다.

일반적으로 모즈는 일용직 노동자들이 많았고 경제적 여유가 없던 계층이 주를 이뤘지만 패션에 관심이 많았다. 이들은 60년대의 미니멀한 스타일이 반영된 슬림한 스타일을 선호했다. 몸에 꼭 맞는 재킷과 무늬가 있는 셔츠를 즐겨 입었으며 폭이 좁은 넥타이를 맸다. 밥은 굶더라도 패션에는 돈을 쓰는 모즈들로 인해 벤셔먼을 비롯한 런던의 패션상점들은 호황을 이뤘다. 스쿠터를 즐기던 이들은 점심을 굶어가며 겨우 돈을 모아서 산 슈트가 더러워질까 봐 피시테일 파카를 덧입기도 했다. 스쿠터는 모즈의 이동수단일 뿐 아니라 집단 정체성을 드러내는 도구이기도 했다. 경찰이 헤드라이트를 부착하지 않은 스쿠터를 단속하자 모즈들은 특유의 반항심과 재치로 헤드라이트를 잔뜩 달아 스쿠터를 꾸미고 다녔다. 이 외에도 빨간색, 하얀색, 파란색으로 이뤄진 원 모양의 모즈 표식을 사용하는 등 집단행동을 즐겼다.

60년대 젊은이들의 대표적인 집단으로 모즈와 로커Rocker가 있는데 이들은 패션에서 알 수 있듯이 취향이 완전히 달랐다. 로커들은 가죽 재킷에 징을 달고 흙 묻은 바지와 엔지니어 부츠를 매칭했다. 머릿기름을 바르고 모터사이클의 스피드를 강조하기 위해 스카프를 매기도 했다. 하지만 분위기 좋은 상점과 카페가 몰려 있는 카나비 스트리트 등 젊은이들이 모이는 장소는 정해져 있었다. 경제적 상황과 취향이 다른 이 두 집단이 서로를 눈엣가시로 여기던 상황에서 1964년 큰 싸움이 일어났다. 런던 근교의 작은 휴양지인 브라이튼에 휴일을 즐기러 온 로커와 모즈 사이에 작은 시비가 붙었는데 양쪽 숫자가 점점 늘면서 대규모 패싸움으로 번진 것이다. 넓은 장소에서 혈기와 혈기가 만나 경찰이 뜨는 이런 일들은 기성세대의 눈엔 유치할 수 있어도 머리보다 가슴이 먼저인 '요즘것들'에게는 사활을 건 문제였을 것이다.

현대에까지 영향을 끼친 다양한 하위문화는 영국에서 발생한 경우가 많다. 우리에게는 신사의 나라라는 애칭으로 익숙하지만 현재는 크리에이티브 산업이 발달한 나라라는 인식이 우선한다. 기후의 영향 또는 섬나라 특유의 문화로 그들만의 독특하고 창의적인 문화가 존재하는 동시에 홀리건과 같은 폭력 집단들의 행동도 상상을 초월한다.

스킨헤드
땀이 나서 머리를 밀었어

스킨헤드Skinhead는 60년대 영국의 도시 노동자계급 젊은이들 사이에서 발생한 하위문화다. 세대와 계층은 비슷하지만 세련된 취향을 선호했던 모즈와 달리 스킨헤드의 취향은 거칠고 투박했다. 자메이칸 거리문화의 스카풍 리듬이나 영국 정통 노동요를 흥얼거리며 자신들의 정체성을 드러내려 했다. 머리를 빡빡 민 것은 힘든 육체노동으로 땀이 많이 나는 데다 깨끗하지 않은 환경에서 자주 씻지 않아 머리에 이가 잘 생겼기 때문이다. 롤업해서 입은 질긴 바지에 멜빵, 닥터마틴에서 나온 밑창에 쿠션이 달린 워커 스타일의 신발은 그들의 작업복이었다. 영국에서 발생한 스킨헤드는 이후 다른 유럽 국가들과 미국, 러시아 등에 영향을 끼쳤다.

60년대 스킨헤드가 형성될 때는 정치적인 성향과는 전혀 상관이 없었다. 하지만 70년대 들어 경제 불황이 닥치고 국가의 복지혜택이 축소된 데다 저임금에도 기꺼이 하급 노동을 자처하는 이민자들이 대거 유입되었다. 이에 따라 젊은 노동자들의 생활은 점점 궁핍해져갔고 일용직마저 뺏길 위기에 처했다. 에리히 프롬의 《자유로부터의 도피》(휴머니스트, 2012)에 나타나 있는 것처럼 경제적 취약 계층이 불합리한 상황에 저항하기보다 굴복하는 경우가 있는데, 스킨헤드도 위기 상황에 대한 비난의 화살을 정부가 아닌 이주 노동자들에게 돌렸다. 사회에 대한 불만을 자신들의 영역을 침범했다고 생각하는 이주 노동자들에 대한 테러행위로 표출하면서 스킨헤드는 인종차별의 대명사가 되었다. 특히 러시아 근방의 스킨헤드는 백인이 아닌 인종들에 테러를 서슴지 않는 백인우월주의로 악명 높다. 하지만 스킨헤드가 모두 그런 것은 아니며 같은 스킨헤드 안에서도 인종차별주의자와 이에 반대하는 이들로 나뉜다.

폭력적 성향으로 사회의 인식은 부정적이지만 스킨헤드의 전형적인 패션은 꽤나 매력적이다. 패션에서는 육체 노동을 연상시키는 그들의 거칠고 단단한 이미지를 피상적으로 차용하기도 한다. 머리를 밀고 강인해 보이는 문신을 새긴 다음 카키 컬러의 항공재킷, 접어올린 진에 멜빵을 차고 닥터마틴 부츠를 신으면 스킨헤드 스타일이 완성된다.

이모키즈
'이모'는 언제나 중2병

어느 나라에서든 질풍노도의 시기는 있다. 보통 만 13~14세 정도의 청소년이 여기에 속하는데, 특유의 감수성으로 자신만의 주제를 세상 어느 것보다 치열하게 붙들고 고민한다. 사춘기의 감수성과 반항심, 허세 등이 뒤섞인 이른바 '중2병'이다. 이를 서구에서는 감성emotional과 아이kids의 합성어인 이모키즈emokids, 줄여서 이모emo라고도 한다. 음악을 많이 듣고 가벼운 내용의 소설을 즐겨 읽는 이 또래의 청소년들은 자신이 우울하다는 것을 드러내는 것이 멋있다고 생각한다. 따라서 마이스페이스 같은 SNS를 통해 우울한 이미지를 업로드한다.

감성적이면서 판타지를 좋아하는 이모키즈들이 중세의 고스goth 이미지에 끌리는 것은 당연한 일이다. 이들은 혼자만의 왕국에서 음악을 들으며 외롭고 쓸쓸하게 죽어가는 장면에 대한 환상과 동경이 있다. 왕관

을 쓰고 아이라인을 검게 칠한 채 눈물을 흘러내리게 한 다음 자살을 시도하듯 정맥을 끊는 콘셉트로 셀카를 찍어 SNS에 올리곤 했다. 케첩이나 빨간 물감 등으로 피를 연출하는 것까지는 괜찮았는데, 한때 실제로 손목을 그었다가 죽음에 이른 청소년들이 생기면서 사회적 문제로 대두되기도 했다. 유럽의 언론들은 주변 아이

들 중에 이모키즈가 있다면 부모나 어른들이 더욱 애정을 가지고 돌볼 것을 강조했다. 죽음은 환상이 아닌 현실이며, 팔목을 그으면 단지 욕실을 더럽혀 혼나는 정도가 아니라 진짜 죽을 수도 있다는 것을 단호하게 알려주라고 경고하기도 했다.

이모키즈의 행동은 철이 없었지만 패션은 매력적이었다. 어두운 중세풍 고스와 귀여운 이미지가 섞이면서 청소년 특유의 중성적이고 가벼운 느낌이 덧붙여졌다. 이들은 블랙을 선호하는 것이 가장 큰 특징이며 마른 스타일을 추구해서 여학생뿐 아니라 남학생들도 통이 좁은 스키니 진을 즐겨 입었다. 또 검게 염색한 스트레이트 헤어를 앞으로 드리워서 한쪽 눈을 가리는 것이 전형적인 이모키즈 스타일이다. 눈 주변을 검게 그리는 스모키 메이크업을 선호했고 손톱에도 블랙 매니큐어를 바르기도 했다. 액세서리로는 피어싱, 뱅글, 징이 박힌 벨트, 배지, 컨버스 스니커즈 등을 매치했다.

시장은 하위문화에서 괜찮은 아이템들을 빠르게 주류로 가져와 상업화한다. 당시 이모키즈 스타일을 선호하는 청소년이 많아지면서 기업들은 이와 관련한 상품들을 발 빠르게 내놓았다. 대중음악에도 시네마 비자르나 토쿄 호텔처럼 음악뿐 아니라 패션까지 이모키즈 취향으로 세련되게 스타일링한 그룹들이 인기를 끌었다. 패션시장은 청소년보다 돈을 더 자유롭게 쓸 수 있는 20대 이상으로 타깃층을 확장하면서 좀 더 세련된 이모키즈 스타일을 선보이기 시작했다. 2000년대 들어 열풍을 일으킨 스모키 메이크업이나 남성에게도 유행했던 블랙 매니큐어는 이모키즈들이 처음 유행시킨 것이다.

10대 후반이나 20대 초반 연령대의 사람이 검은색 헤어의 앞머리를 내리고 블랙진에 스모키 메이크업을 하고 서구로 여행을 가면 누군가 조용히 물어볼 것이다. "너 이모야Are you Emo?" 그렇다면 '난 아직 조카가 없는데' 할 것이 아니라 우울한 느낌의 팝송 한 구절을 읊어주면 될 것이다.

갱스터
쿨가이는 지우개를 챙긴다

패션 스타일로서 갱스터 스타일은 주로 랩을 통해 의견을 표출하는 아메리카 흑인들의 패션을 지칭한다. 이러한 갱스터 스타일을 보여주는 대표적 하위문화인 힙합은 1970년대 초에 미국의 젊은 흑인들이 뉴욕 브롱스에서 특유의 리듬감과 느낌을 살린 음악을 만들어내면서 하나의 문화로 자리 잡게 되었다. 껄렁하게 보이도록 커다란 바지를 내려 입고 모자를 삐딱하게 쓰는 등 반항기 있는 모습에 리듬에 맞춰 랩을 하는 그들은 '쿨cool'의 전형이었다.

음악 장르로서의 인기와 더불어 90년대에는 주류 패션에서도 힙합 스타일이 크게 인기를 끌었다. 10대들은 자신의 신체 사이즈보다 큰 헐렁한 티셔츠와 바지를 입고 흑인 힙합가수들의 시크하고 껄렁한 자세를 따라 했다.

하지만 2000년대 갱스터 스타일은 몸의 문신 등을 통해 반항적이고 마이너한 면을 강조하던 기존과 달리 럭셔리한 이미지가 더해졌다. 미국의 힙합 가수 닥터 드레의 'b'가 새겨진 고가의 헤드폰은 흑인 랩퍼들뿐만 아니라 많은 젊은이들이 선호하는 트렌디하면서 럭셔리하고 세련된 이미지를 가지고 있다. 한때 유행한 '블링블링'이라는 단어는 2000년대부터 부각된 이러한 갱스터 스타일을 묘사하는 데 주로 사용되었다. 대표적인 힙합 스타일로는 바지를 내려 입는 로라이즈 배기 팬츠와 루즈한 셔츠 혹은 슬리브리스가 있다. 액세서리로는 골드 체인처럼 반짝거리는 커다란 주얼리를 착용하고 챙을 접지 않은 스냅백, 선글라스, 하얀 스니커즈를 선호한다. 미국의 유명 팝 가수 퍼프 대디가 힙합 스타일을 대변했다. 주로 오버사이즈 로라이즈 팬츠와 스냅백, 커다란 골드 컬러의 목걸이와 팔찌를 차고 스니커즈를 즐겨 신는다. 검은색 선글라스는 그의 포스를 강조하는 포인트 액세서리로 사용된다. 평소 패션 선도자로 유명한 그는 블링블링한 힙합 스타일이 전 세계적으로 인기를 끄는데 일조했다.

하얀색 스니커즈를 선호하는 이들은 신발에 뭐가 묻었을 때 바로 지울 수 있게 지우개를 챙겨 다녔다. 이들이 가장 두려워하는 것은 비가 온 직후 질퍽해진 흙 위를 걷는 것이다. 국내에서는 가상 결혼을 포맷으로 하는 MBC 예능 프로그램 〈우리 결혼했어요〉에 출연했던 래퍼 크라운제이가 이러한 갱스터 스타일을 선보인 바 있다. 지우개로 하얀색 스니커즈 위에 묻은 때를 박박 지우던 그의 모습은 터프한 모습은 포기해도 '블링블링'은 포기할 수 없는 패션 갱스터의 전형이었다.

힙스터
잡힌다면 힙스터가 아니다

힙스터Hipster는 1940년대 미국에서 사용되던 속어로 유행 등 대중의 흐름을 따르지 않고 자신만의 고유한 패션과 음악 취향을 가지고 있는 젊은이들을 의미한다. 이 용어는 특히 2000년대 들어 패션을 비롯한 다양한 분야에서 사용된다. 영국에서는 주로 인디indie라 불리는데 상업영화보다 비주류 독립영화를 좋아하고 대중음악보다는 알려지지 않은 록 밴드의 음악을 찾아 듣는 것을 선호하는 부류다.

일반적으로 힙스터는 유행을 따르기보다 자신만의 색을 찾으려 하는 감각 있는 젊은 층을 지칭한다. 유행에 편승하는 것을 선호하지 않기 때문에 여유 있는 복고 스타일을 추구한다. 특히 40년대의 복고적 힙스터 분위기에 매력을 느낀다.

힙스터는 시대에 따라 패션 분위기가 다르다. 2000년대 힙스터들이 선호하는 패션 아이템으로는 웨이스트코트나 니트 카디건, 체크 셔츠, 퍼 후드 등이 있다. 액세서리로는 알이 없는 뿔테 안경과 페도라, 닥터 마틴이나 컨버스 스니커즈 등을 즐겨 착용한다. 힙스터가 추구하는 멋은 일부러 꾸미지 않았지만 자연스럽게 흘러

나오는 세련미로, 다듬은 헤어나 수염도 이들의 특징이다. 깔끔하게 차려입은 채 스케이트나 자전거를 타기도 하고 베지터블 가죽 가방을 메고 도시를 활보한다. 그러다 분위기 좋은 카페에 들어가 음악을 들으면서 커피를 마시고 랩톱을 켜서 작업을 한다. 국내에서는 홍대 부근의 작은 편집숍에서 옷을 구매하고 인디 밴드들의 음악을 즐겨 들으며 비주류의 감각적이고 세련된 느낌을 선호하는 젊은이들이 힙스터에 해당된다.

2000년대 이후 과도하게 꾸미기보다 자연스럽고 세련된 느낌을 선호하면서 힙스터가 부각되기 시작했다. '있어 보이는 척'이라는 비난도 있지만 그들은 개의치 않는다. 또한 힙스터의 모습은 놈코어를 선호하는 현대 패션에서는 매력적인 스타일링이다. 힙스터들이 사용하는 것은 광고나 유행 같은 외부의 분위기에 의해 선택된 것이 아니라 각자의 취향이기 때문에 그들의 아이템은 SNS를 통해 사람들에게 관심을 받으며 유행을 선도하게 된다. 그래서 업계는 힙스터의 관심을 끌고 싶어 하지만, 쉽게 끌린다면 힙스터가 아니다.

휴양과 오락을 목적으로 하는 리조트웨어
로는 비비드한 컬러에 오버사이즈 아이템
들이 적합하다. 활동성과 심미성을 고루 갖
춰, '즐길 준비'가 된 사람들에게 어울리는
패션 코드이기 때문이다. 어느 매체에서는
관광지에서 평범한 옷을 입으면 타지 사람
을 노리는 사기꾼들을 피할 수 있다는 팁을
주기도 하던데, 이렇게 묻고 싶다. "구더기
가 무서워서 장은 어떻게 담그시나요?"

패션은 창의성을 실현하는 분야지만
아트나 공예와는 다르다.
이윤을 좇는 시장의 상품이기 때문이다.
달콤한 유행의 향기는
사람들의 지갑을 열고
금세 날아가는 시간의 향을 뿌린다.

패션은
돈이다

STEP 05

한국 제일의 갑부라고 하면 삼성의 이건희 회장이나 현대의 정몽구 회장이 먼저 떠오른다. 일본의 경우 재일교포 3세인 손정의 소프트뱅크 회장과 유니클로 모회사인 패스트 리테일링 회장 야나이 타다시를 언급하고, 프랑스 국민 대부분은 루이비통의 모회사인 LVMH 회장 베르나르 아르노를 생각한다. 스페인에서는 자라의 모회사인 인디텍스 회장 아만시오 오르테가를 가장 먼저 떠올리며, 스웨덴의 갑부 하면 이케아 창업주 잉바르 캄프라드, H&M 회장 스테판 페르손 등을 든다.

나라별로 차이는 있겠지만 자국민들이 생각하는 갑부 혹은 대기업의 이미지는 대충 이러하다. 공통점은 패션 기업이 보여주는 경제적 파워가 세계적으로 막강하다는 것이다. 국내 대기업인 삼성과 현대, LG 역시 패션 라인을 가지고 있다. 삼성물산이 제일모직을 이어받고 현대백화점이 한섬과 SK네트웍스의 패션사업을 인수했으며 LG패션은 LF로 바뀌어 각각 패션 사업을 운영하고 있다.

패션 제품을 주력으로 하는 기업들이 거대 자본을 획득할 수 있는 이유는 패션 시장이 넓고 그 흐름이 빠르기 때문이다. 사람들은 부의 산업이라고 하면 첨단 기술 산업과 패션 산업을 동시에 떠올린다. 첨단 기술 산업이 아무나 접근할 수 없는 축적된 노하우의 고급 기술로 자본을 축적한다면, 패션은 상품의 폭넓은 제공과 빠른 소비 기간으로 거대 자본을 축적한다. 특히 패션은 어디서든 통용되는 키워드로 유행이나 명성이라는 약간의 거품만 더해지면 주류 시장에 진입할 수 있다.

백화점을 비롯한 다양한 유통시장을 떠올릴 때 상품으로 가장 먼저 생각나는 것은 옷이다. 새로운 유통 체계가 성립될 때도 그 포문을 여는 것은 대부분 패션 분야다. 처음 인터넷몰이 시작되었을 때 휴지나 세제 같은 생필품보다 패션 상품을 구매하려는 소비자들의 적극성이 눈에 띄었다. '필요하다'보다 '가지고 싶다'가 앞서는 것이다. 인터넷 상점은 이후 유통의 편리함이라는 날개를 달면서 급속도로 성장한다. 특히 패션 상품을 판매하는 소호몰이 인터넷 쇼핑몰 시장을 확장하는 데 크게 기여했다. 소호몰에서 성공한 많은 사람들이 패션 제품을 판매한 사람들이었다.

패션은 창의적이고 새로운 비주얼을 시도하는 분야지만 아트나 공예와는 다르다. 패션은 이윤을 추구하는 시장의 결과물이기 때문이다. 바람처럼 빠르고 기분 좋은 유행의 향기에 취한 사람들이 지갑을 열고 금세 날아가는 현재의 향좀을 뿌린다.

브랜드의 계보
블랙라벨의 위엄

브랜드 인지도를 높이고 매력적인 이미지를 부여하는 과정에는 많은 시간과 노력이 든다. 자본과 시간을 투자해 브랜드를 만든다고 해도 대중에게 매력적으로 어필하여 성공한다는 보장도 없다. 그래서 기업들은 보다 안전한 방법을 택하는데, 기존에 성공적으로 구축된 브랜드를 기반으로 비슷한 듯 다른 또 하나의 브랜드를 만드는 것이다. 이러한 브랜드를 세컨드 브랜드 혹은 브리짓 라인 브랜드라고 한다.

CK는 캘빈클라인, DKNY는 도나 카렌 뉴욕의 세컨드 브랜드이다. 이외에 엠프리오 아르마니, 미우미우, 마크 바이 마크 제이콥스, 씨 바이 끌로에, 폴로, 펑크, McQ는 각각 조르지오 아르마니, 프라다, 마크 제이콥스, 끌로에, 랄프 로렌, 펑크 스미스, 알렉산더 맥퀸의 세컨드 브랜드이다. 국내 브랜드로는 오브제의 세컨드 브랜드인 오즈 세컨, SYSTEM의 세컨드 브랜드인 SJSJ 등이 있다.

세컨드 브랜드는 기존 브랜드의 이미지나 스타일을 젊게 바꾸고 가격대를 낮춰 타깃 소비자층을 확장하는 동시에 오리지널 브랜드의 명성도 유지할 수 있다. 시장 상황에 따라 세컨드 브랜드가 오리지널 브랜드의 매출을 앞서는 경우도 있지만, 경기가 좋지 않을 때는 오리지널 브랜드에 집중하면서 세컨드 브랜드를 축소하거나 잠정 중단하는 경우도 있다. 돌체앤가바나의 세컨드 브랜드인 D&G는 2011년 후반부터 잠정 중단한 상태이며, 마크 제이콥스는 마크 바이 마크 제이콥스를 2015년 이후 중단한다고 밝혔다. 이처럼 세컨드 브랜드는 오리지널 브랜드에 비해 유동적으로 활용되고 있다.

브랜드의 번식

특정 브랜드를 만들기보다 라인을 다르게 진행하는 경우도 있다. 대표적인 회사가 영국 패션 브랜드 버버리다. 버버리 라인 중 최고급 라인은 버버리 프로섬인데, 패션쇼는 버버리 프로섬으로만 진행돼왔다. 이보다 대중적인 라인인 버버리 런던은 일반적으로 사람들이 버버리 하면 떠올리는 가장 익숙한 라인으로 전형적인 버버리 트렌치 코트는 대부분 버버리 런던이다. 이 외에도 젊은 소비자를 타깃으로 하는 캐주얼한 느낌의 버버리 브릿이 있다. 하지만 2016년 가을부터 버버리의 크리에이티브 총괄 책임자인 크리스토퍼 베일리는 이들을 통합해서 전개한다.

아시아권에서 영국 문화에 대한 선호도가 큰 일본은 영국 패션 브랜드의 수요가 많다. 버버리 또한 일본 내에서 높은 매출을 보이고 있다. 일본 기업인 산요가 버버리 라이선스를 취득해서 여성복인 버버리 블루라벨과 남성복 버버리 블랙라벨을 진행해왔다. 버버리 블루라벨과 블랙라벨의 여전히 높은 판매고와 오랜 역사에도 불구하고 버버리는 브랜드 이미지 관리를 위해 2015년 6월 산요와 45년간의 라이선스 계약을 해지했다.

버버리 비스포크 라인의 주문서

버버리 비스포크bespoke는 말 그대로 맞춤복 라인을 의미한다. 버버리 모델인 영국 배우 엠마 왓슨이 파파라치 사진에서 기존의 버버리 트렌치 코트와 소매나 디테일이 다른 디자인을 입고 있는 경우가 있는데, 이처럼 비스포크 라인은 기존에 판매되는 버버리 디자인에서 고객이 원하는 방향으로 변경되어 전달된다. 공항에서 부유해 보이는 사람이 입은 버버리 트렌치 코트가 전형적인 스타일과 조금 다른 것 같다면, 짝퉁이 아니라 경차 가격에 맞먹는 비스포크 라인일 수 있다.

이렇게 럭셔리 브랜드들은 자사가 정립해놓은 브랜드 가치를 효과적으로 활용한다. 버버리가 오랜 기간 동안 해왔던 것처럼 브랜드명을 그대로 사용하면서 라벨을 통해 라인을 확장하는 경우가 많은데 비비안 웨스트우드 또한 그 예이다. 비비안 웨스트우드에는 골드라벨, 레드라벨, 앵글로매니아, 그리고 남성복 라인인 비비안 웨스트우드 맨이 있다. 골드라벨은 비비안 웨스트우드에서 가장 고가인 라인으로, 고급 소재의 테일러드 스타일이나 드레스를 비롯한 쿠튀르 스타일이 진행된다. 영화 〈섹스 앤 더 시티〉에서 캐리(사라 제시카 파커 분)가 여러 벌의 웨딩드레스 중 선택한 드레스가 바로 비비안 웨스트우드의 골드라벨이었다. 이보다 대중적인 라인이 레드라벨이고 좀 더 어리고 펑키한 분위기가 앵글로매니아 라인이다.

브랜드에서 특별히 선호되는 라인은 지역이나 시기에 따라 각기 다르다. 일본의 패션 브랜드 꼼 데 가르송은 10개가 넘는 라인을 진행하고 있는데 특히 국내에서는 하트에 검은색 눈이 그려진 로고의 플레이라인이 인기가 높다.

꼼 데 가르송 플레이라인 로고

럭셔리 브랜드
명품의 아버지들

"꺼져, 이 부자 머저리야Casse-toi, riche con!"

프랑스 일간지 〈리베라시옹〉은 2012년 9월 10일자 1면에 다음과 같은 제목을 달았다. 프랑스의 거대 기업 총수가 높은 세금에 대한 불만으로 프랑스를 버리고 벨기에 국적 취득을 신청했다는 기사였다.

베르나르 아르노에게 '꺼져, 이 부자 머저리야!' 라고 말한 프랑스 일간지 〈리베라시옹〉 1면

이 '부자 머저리'는 프랑스 최고 갑부인 베르나르 아르노 LVMH 회장이다. 아르노는 벨기에 국적 취득 신청이 사업상 필요했던 절차이며 앞으로도 프랑스에 세금을 낼 것이라고 주장했지만 사람들의 불만이 거세지자 신청을 거둬들이는 듯했다. 하지만 이후 벨기에 국적을 취득해서 현재는 프랑스와 벨기에의 이중국적자로 지내고 있다.

럭셔리 왕국

아르노는 명문 대학을 졸업하고 아버지의 건설회사에 입사해서 경영 수업을 받은, 전형적인 부잣집 자제의 엘리트 코스를 밟았다. 게다가 시장을 읽고 결단력을 보이는 비범함을 타고나서 어린 나이에 이미 아버지를 뛰어넘는 사업 수완을 보였다. 회사에 입사한 지 5년 만에 흐름을 꿰뚫었고, 아버지를 설득해 사업 일부를 매각한 뒤 부동산 사업에 집중해서 큰돈을 벌었다. 30대 초반에 회사를 물려받고 대표직을 맡았으며, 이후 그의 성향과 맞지 않는 정부가 들어서자 미국으로 넘어가 부동산 사업을 하다가 프랑스로 돌아왔다.

유럽의 명품 브랜드들은 대대로 내려오는 가족기업인 경우가 많다. 독립적인 경영 형태를 띠기 때문에 전통을 유지할 수 있다는 장점이 있지만 시장 상황이 나빠지거나 경영난에 빠졌을 때 자금력을 바로 끌어올 수 없다는 한계도 있다. 이를 간파한 아르노 회장은 시장 분위기를 살피면서 럭셔리 패션 브랜드들을 공격적으로 사들이기 시작해 펜디, 지방시, 도나카란, 겐조, 태그호이어 등을 자신의 것으로 만들었다. 그는 유럽의 전통이 깃든 브랜드의 이미지를 고수하는 동시에 미국식의 공격적인 주식 매입을 통해 브랜드 소유의 중요성과 방법을 터득했고 이를 시장에서 적절하게 사용했다. 게다가 그가 사들인 브랜드들은 기존보다 훨씬 가치 있는 브랜드로 재탄생했다.

인수합병의 귀재로 불리는 그는 럭셔리 브랜드들을 적기에 사들이고 이윤이 좋지 않은 경우는 시장에 내놓았다. 1984년 파산 위기에 몰린 크리스찬 디올의 모기업 부삭Boussac을 사들인 후 구조조정을 통해 회생시키고 향수 부문만 남기고 팔아 큰 이익을 얻었다. 이후 87년에는 경영난에 허덕이던 루이비통을 인수, 합병하면서 그의 거대한 럭셔리 왕국 LVMH를 탄생시켰다. 가지고 있던 패션브랜드를 매각하기도 했다. 2005년 크리스찬 라크르와를 매각했고, 2016년에는 2001년 인수한 도나카란을 캘빈클라인과 게스, 리바이스 등을 보유한 미국의 G-III 어패럴그룹에 매각했다.

LVMH가 현재 소유한 패션 브랜드로는 크리스찬 디올, 펜디, 에밀리오 푸치, 지방시, 벨루티, 루이비통, 마크 제이콥스, 셀린느, 로에베, 겐조 등이 있고 액세서리 브랜드로는 시계 브랜드인 태그호이어를 비롯해 이탈리아 최대 보석 브랜드인 불가리가 있다. 신발 브랜드로는 니콜라스 커크우드가 있고, 향수 브랜드로는 자사 패션 브랜드인 크리스찬 디올과 지방시, 로에베, 겐조, 겔랑, 국내에서는 향수보다 향초로 더 유명한 아쿠아 디 팔마 등이 있다. 화장품 브랜드로는 베네피트, 메이크업 포에버, 프레쉬가 있다. 유통점으로는 면세점인 DFS, 세포라, 프랑스의 유명 백화점인 르 봉 마르셰 등이 있다. 이 밖에 모엣 샹동과 헤네시, 돔 페리뇽 등 수십 가지의 고급 와인 브랜드도 소유하고 있다.

이렇게 수많은 브랜드를 거느리고 있는 아르노 회장이 손에 넣지 못한 패션 브랜드가 있다. 바로 에르메스다. 에르메스 측은 거대 기업에 넘어가는 것을 원하지 않는다는 뜻을 밝히며 LVMH의 접근을 차단하고 있다.

또 다른 럭셔리 왕국

LVMH만큼 거대한 럭셔리 왕국을 거느린 인물이 프랑수아 피노 회장이다. 그의 왕국은 피노 프랭탕 르두트(약칭 PPR)로 불리다가 2013년 케어링그룹으로 사명을 변경한다. 프랑스 대표 백화점인 프랭탕 백화점을 운영하던 피노 회장은 2005년 유통 부문을 매각하고 럭셔리 브랜드를 집중적으로 인수하면서 규모를 키워나간다. 케어링그룹의 대표적인 패션 브랜드로는 구찌가 있고, 가죽끈을 꼬아 만든 가방으로 유명한 보테가 베네타, 입생로랑, 알렉산더 맥퀸, 발렌시아가, 고급 남성 슈트 브랜드인 브리오니, 크리스토퍼 케인, McQ, 스텔라 맥카트니, 세르지오 로시 등이 있다. 시계 브랜드에는 지라드 페르고, 장리샤르, 율리스 나르뎅이 있고 보석 브랜드로는 부쉐론, 포멜라토, 키린 등이 있다. 그 외에 푸마, 볼컴, 코브라, 일렉트릭도 케어링그룹에 있다.

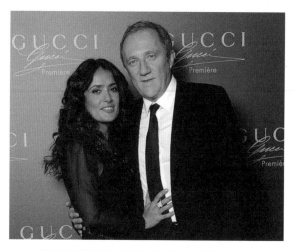

케어링그룹 회장 프랑수아 앙리 피노와 그의 아내 셀마 헤이엑

이들은 1998년 세계적인 미술품 경매 회사인 크리스티를 인수하면서 미술계에도 막강한 영향력을 행사하고 있다. 유통점으로는 프낙FNAC과 콩포라마를 운영 중이며 주류 브랜드인 샤토 라투르와 통신사 라흐두뜨도 포함되어 있다. 현재 케어링그룹은 피노 회장의 아들인 프랑수아 앙리 피노가 이끌고 있다. 앙리 피노는 영화 〈프리다〉로 유명한 멕시코계 할리우드 배우 셀마 헤이엑과 2009년 결혼하면서 매스컴에 집중 보도되기도 했다.

세계 3대 럭셔리 패션 브랜드를 꼽을 때는 이 두 그룹의 수장에 요한 루퍼스를 더할 수 있다. 만년필 몽블랑으로 유명한 리치몬드그룹 CEO다. 이 그룹의 대표적인 패션 브랜드로는 까르띠에와 반 클리프 앤 아펠이 있다. 이 외에도 끌로에, 아제딘 알라이아, 상하이 탕, 알프레드 던힐, 퍼디, 피터 밀러가 있고 시계 및 액세서리 브랜드로는 몽블랑, 피아제, 바쉐론 콘스탄틴, 보메 메르시에, IWC 샤프하우젠, 예거 르쿨트르, 랑에 운트 죄네, 파네라이, 로저 드뷔, 잠피에로 보디노 등이 있다. 온라인 명품 전문 쇼핑몰 네타포르테도 운영하고 있다. 이쯤 되니 브랜드 이름을 나열만 해도 숨가쁜데, 전 세계 럭셔리 패션 시장에서 이 세 개의 그룹이 운영하는 브랜드가 그만큼 많다는 뜻이다.

이 외에도 프라다, 미우미우, 헬무트 랭, 질 샌더 등을 소유하고 있는 프라다그룹이 있다. 프라다그룹은 이탈리아 프라다 가문의 가족기업 형태였지만, 경기 흐름이 좋지 못할 때 이탈리아 은행들에 진 빚을 청산하지 못하면서 지분을 저당잡혔다. 현재는 프라다 가문과 이탈리아의 은행이 프라다그룹의 지분을 나누어 소유하고 있다. 이처럼 럭셔리 브랜드들은 알고 보면 소수의 몇 개 그룹의 계열사인 경우가 많다. 에르메스나 샤넬을 제외하면 독립적으로 운영되고 있는 경우는 드물다.

국내에서도 마찬가지로 삼성 계열인 삼성물산, LG 계열인 LF, 현대홈쇼핑이 인수한 한섬, 세정이나 이랜드 등 대기업이 진행하는 패션 브랜드의 시장 점유율이 생각보다 높다. 이렇게 자본이나 유통이 갖춰진 대기업에서 새로운 브랜드를 론칭하는 경우 상대적으로 적은 비용으로도 시장 접근이 가능하지만, 새로운 브랜드가 소비자에게 선택받을지 여부는 회사 규모나 자본과는 또 다른 문제다.

SPA 브랜드
콘셉트보다 트렌드

'No Concept, Only Trend'는 국내 패션 브랜드 쿠아가 패스트패션 브랜드 자라를 벤치마킹하여 내세운 모토이다. 2000년대 이후 패션은 콘셉트보다 트렌드가 강세를 이어오고 있다. 의미를 부여한 패션보다 지금 유행하는 스타일리시한 패션이 선호되는 것이다.

빠르게 변하는 유행을 좇다 보니 소비자들의 구매 패턴은 유행과 주기를 같이하게 되고, 옷이 소모되는 시간은 점차 짧아졌다. 이를 패스트패션이라 하고, 특별한 콘셉트 없이 저렴한 가격에 유행에 맞게 다양한 스타일을 선보이는 패션 브랜드들은 패스트패션 브랜드라고 부른다. 국내에서는 이를 주로 스파SPA 브랜드로 부르는데 'Specialty retailer of Private label Apparel'의 줄임말로, 제조 소매업 의류 브랜드 정도로 해석된다. 한 업체가 제품 기획과 생산, 판매에 이르는 모든 과정을 운영하는 경우를 말한다. 커피전문점을 예로 들면, 던킨도너츠나 카페베네처럼 개인이 가맹점을 운영하는 것이 아니라 중앙에서 직영점 형식으로 전체를 관리하는 스타벅스나 커피빈에 해당하는 시스템이다.

ZARA 히스토리
중앙에서 컨트롤하는 방식은 각 매장의 전체적인 흐름을 파악할 수 있다는 장점이 있다. 대표적인 스파 브랜드인 자라, H&M, 갭, 탑샵, 망고, 유니클로 등은 모두 제품을 기획하고 생산하며 유통 및 판매를 함께 진행한다. 주요 상권에 대규모 매장을 짓고 중앙 시스템에서 재고 파악과 같은 판매 추이를 빠르게 파악한 후 이를 반영해 다음 상품을 재빠르게 기획하여 공급하는 식이다. 기존 패션 브랜드들이 S/S, F/W 등 시즌별로 움직였다면 패스트패션 브랜드들은 수시 기획을 통해 제품을 내놓는다. 이들은 소품종 대량생산과 상품에 대한 수시 체크를 통해 고객의 의견을 신속하게 반영하고 판매를 효율적으로 이끈다.

대표적인 패스트패션 브랜드로 스페인 태생의 아만시오 오르테가가 창립한 자라가 있다. 집안 사정으로 학교를 다닐 수 없었던 그는 옷 만드는 일을 했던 누나의 영향으로 10대부터 양품점에서 일했고 이 경험과 자본을 토대로 매장을 오픈했다. 당시 그리스 영화 〈희랍인 조르바〉에 빠져 매장 이름을 조르바Zorba라고 지었지만, 근처에 있던 술집 상호와 동일하다는 지적을 받아 알파벳 o와 b를 빼고 a를 더해 자라Zara가 되었다. 처음부터 패션 자체에 관심을 가졌다기보다 집안을 비롯해 그가 처한 주변 상황이 그를 패션 시장으로 이끈 것이다.

오르테가는 전형적인 사업가 스타일로 패션을 처음부터 비즈니스의 안목으로 바라봤다. 패션은 부가가치가 큰 사업이며 저렴하고 손쉽게 구할 수 있는 직물과 부자재로 만든 옷이 유행을 타기 시작하면 그 가치가 훨씬 높아진다는 것을 알아차렸다. 옷의 가치를 올릴 수 있는 스타일을 찾기 위해 하이패션의 중심지인 파리의 오트쿠튀르 패션쇼를

Rank	Name	Net Worth	Age	Source	Country of Citizenship
#1	Bill Gates	$75 B	61	Microsoft	United States
#2	Amancio Ortega	$67 B	80	Zara	Spain
#3	Warren Buffett	$60.8 B	86	Berkshire Hathaway	United States
#4	Carlos Slim Helu	$50 B	76	telecom	Mexico
#5	Jeff Bezos	$45.2 B	53	Amazon.com	United States
#6	Mark Zuckerberg	$44.6 B	32	Facebook	United States

2016년 세계 부호 순위, 〈포브스〉

보러 다녔으며 누나에게 그러한 스타일의 옷을 만들어달라고 부탁했다. 또한 그는 생산 시스템, 데이터 분석, 협업과 같은 비즈니스에 대해서도 관심을 기울였다. 트렌디한 상품을 신속하게 제공하려면 생산과 유통을 직접 관리하는 체계, 즉 생산 설비와 유통망 확보 등 물류 시스템 전산화가 필요하다는 것을 깨닫고 바로 실행에 옮겼다. 기존의 의류 브랜드들이 콘셉트를 먼저 잡고 디자인을 시작했다면 자라는 트렌드나 고객의 요구에 맞게 디자인을 하고 이를 신속하게 선보인 것이다. 일각에서는 디자인 카피 브랜드라는 비난도 있지만 패션 브랜드 충성도가 희박해진 현대 소비자들의 반응은 가히 폭발적이었다. 오르테가는 2016년 세계 부호 순위 2위에 이름을 올렸다.

자라의 신제품 제작 기간은 약 2주다. 패스트패션 브랜드 중에서도 매장에 새로운 디자인을 들여놓는 속도가 가장 빠르다. 판매가 높지 않은 상품은 빼버리고 그 자리에 '신상'을 진열한다. 만약 자라 매장에서 마음에 드는 상품을 봤는데 주말에 다시 와서 살 계획으로 구매하지 않았다면 주말에 그 디자인은 없을 확률이 높다. 한 가지 흥미로운 점은 세계적 규모의 패션 브랜드인 자라가 광고나 홍보에는 지출을 거의 하지 않는다는 것이다. 하버드대학에서 실시한 인디텍스그룹 관련 조사에 따르면 자라는 매출의 약 0.3%만을 광고에 지출한다. 철저히 트렌드를 따르는 패션 브랜드로서 광고를 통해 브랜드 이미지가 굳어지는 것을 원하지 않기 때문이다.

히트텍의 전설

그 외에도 유명 스파 브랜드로 유니클로와 H&M을 빼놓을 수 없다. 일본의 패션 브랜드 유니클로의 경우 싸고 기능성 좋은 옷을 장점으로 어필한다. 이들은 광고를 거의 하지 않는 자라와 달리 소재와 마케팅을 중시한다. 싸고 좋은 옷은 이론적으로 불가능한데, 유니클로는 이를 해결하기 위해 도레이에 손을 내밀었다. 유통망과 브랜드 인지도를 갖고 있던 유니클로가 일본의 유명 합성섬유 회사인 도레이와 파트너십을 체결한 것이다. 도레이는 가볍고 질 좋은 패브릭을 싸게 제공할 수 있는 노하우를 쏟아부었고, 그 결과 히트텍과 같은 상품들이 나올 수 있었다. 유니클로는 넓게 퍼진 유통망을 통해 싸고 질 좋은 상품들을 퍼트려 세계적인 브랜드로 자리 잡았다.

유니클로가 처음 해외 시장에 진출했을 때는 갭과 같은 패스트패션 브랜드들이 자리를 잡고 있던 상황이라 매출을 올리기 쉽지 않았다. 이

유니클로와 도레이가 손잡고 탄생시킨 기능성 내의 '히트텍'

후 그들은 독자적인 브랜딩을 구축하기 위해 광고비에 막대한 비용을 쏟기 시작했다. 유니클로는 나이키와 코카콜라 광고를 만드는 회사인 위든 앤 케네디의 주 고객이다. 패션 스타일은 무난하지만 광고에는 유명인을 대거 투입해 독립적인 이미지를 구축하는 데 성공한다. 지금도 유니클로는 프로모션 기획에 과감한 투자를 진행하고 있다. 특히 일본에서의 판매가 하락세로 들어서면서 중국 시장 공략에 열을 올리고 있다.

H&M은 패스트패션 브랜드지만 칼 라거펠트, 스텔라 매카트니, 베르사체, 알렉산더 왕, 지미 추, 발망, 로베르토 카발리, 빅터 앤 롤프, 랑방, 소니아 리키엘, 마르니, 이자벨 마랑, 마르지엘라, 겐조 등 유명 패션 디자이너나 럭셔리 브랜드들과 협업하면서 H&M만의 독자적인 이미지를 만들어가고 있다. H&M이 럭셔리 브랜드와 협업한 리미티드 상품이 나오는 날은 그 전날부터 줄이 길게 늘어서 있는 것을 볼 수 있다.

또한 서구에서 고급 스포츠로 인식되는 테니스 라인을 매장에서 판매하는데, 세계적인 테니스 스타 토마스 베르디흐와 테니스 라인의 모델 계약을 맺기도 했다. H&M은 가격 면에서는 다른 스파 브랜드의 양상을 띠지만 브랜드 이미지는 하이패션과 비슷하다. H&M이 최근 언론 인터뷰에서 가장 많이 언급한 말은 '지속가능성'이다. 친환경 소재들을 활용한다는 점을 부각하여 다른 스파 브랜드들과 차별화하기 위한 것이다.

국내 스파 브랜드로는 삼성물산이 진행하는 에잇 세컨즈, 이랜드가 진행하는 미쏘, 스파오, 신성통상의 탑텐, 이마트의 데이즈 등이 있다.

인터넷 쇼핑몰
클릭에 빠지다

"나 이거 간지나라에서 샀어!"
"나는 난닝구에서 싸게 샀는데."

30대 이상의 소비자라면 이런 이름들이 가볍거나 유치하게 느껴질 수도 있다. 스타일난다, 난닝구, 간지나라, 주군샵, 멋남, 아보키…. 기성세대에는 어색한 상호명이지만 인터넷 속어에 익숙한 학생들에게는 자신들의 감성과 상황이 공감되는 느낌을 준다.

인터넷에 기반을 두고 시작한 쇼핑몰들은 개인적인 소호몰이라서 운영자의 취향이 반영된다. 기존의 패션 브랜드가 특정 콘셉트를 잡고 시즌별 계획을 한다면, 소호몰은 구체적이고 소통 가능한 콘셉트로 쇼핑몰의 대표나 디자이너의 취향에 따라 수시로 계획된다. 또한 이들은 자신이 직접 모델로 나서거나 자사의 모델을 기용하는데, 높은 매출을 유지하고 있는 쇼핑몰의 경우에도 절대 유명인을 모델로 기용하지 않는다. 유행을 따르고 싶은 어린 학생들의 눈에는 예쁜 모델 언니가 입은 옷이 TV의 유명 스타들이 입은 럭셔리 브랜드 옷보다 구체적이고 직접적인 정보를 주기 때문이다.

일반적인 패션 브랜드 사이트의 경우 고객 의견란이 다소 썰렁한 반면 소호몰의 게시판은 적극적인 소통이 진행된다. 소비자들이 자유롭게 의견을 내면 운영자가 그 의견에 답을 달아주는 방식이다. 대기업 브랜드에 비해 발 빠르게 대응하고 젊은이들의 문화에 공감하며 유행하는 스타일을 적절한 가격대에 신속하게 제공하고 있다.

'4억 소녀'의 출현

2000년대 이후 온라인 쇼핑몰 이용은 눈에 띄게 증가했다. 소비자들의 브랜드 충성도가 낮아지고 유행이 빠르게 전개되면서 쇼핑몰 시장이 급성장했다. 유통과 매장 운영을 위한 지출이 절약되면서 제품의 가격 거품도 빠졌다. 소비자들은 이제 무엇인가 사기 위해 옷을 챙겨 입는 것이 아니라 컴퓨터의 코드를 꽂기 시작했다.

특히 유행의 흐름에 민감한 20대 소비자가 이러한 흐름을 주도하며 인터넷 쇼핑 시장을 확장시켰다. 이와 함께 젊은이들이 패션 쇼핑몰 시장에 대거 진출했다. 기존에는 패션 매장을 운영하는 사장들의 대다수가 자본과 시장에 대한 경험을 갖춘 30대 이상이었지만, 온라인 쇼핑몰 운영자들은 소비자와 같은 취향을 가진 동년배로 자본과 경험 대신 감각과 소통을 장점으로 자리 잡기 시작했다. 이들은 동대문이나 남대문 등지의 도매점에서 소비자의 요구에 맞는 물건을 빠르게 구매하고 직접 모델이 되기도 하면서 상품을 판매했다. 이렇게 온라인 쇼핑몰 시장이 어마어마하게 커지면서 19세 소녀가 한 온라인 매장을 통해 연 매출 4억 원을 달성했다는 보도가 매스컴을 타기도 했다.

경험과 자본이 누적되어 경쟁에서 살아남은 쇼핑몰들은 진화하기 시작한다. 인터넷이라는 한정된 공간에서 벗어나 백화점에 매장이나 팝업 스토어 형식으로 입점하기도 하고 주요 상권에 대형 플래그십 스토어를 오픈하기도 한다. 도매점에서 물건을 가져와 되파는 형식에서 나아가 최근에는 자신들이 직접 디자인한 스타일을 함께 선보이고 있으며 중국이나 일본에도 매장을 오픈하고 있다. 국내 대기업이 해외 스파 브랜드에 대응하는 데 고전을 면치 못하는 상황에서 소호몰에 기반을 둔 패션 브랜드들의 대처는 눈에 띈다. 이들은 콧대 높은 유명 백화점에 입점해서 높은 매출을 올리고 있으며, 〈보그〉나 〈바자〉 같은 유명 패션잡지에 꾸준히 광고를 게재하는 VIP 고객이다. 또한 해외 소비자들이 선호하는 한류 패션 브랜드로서도 명성을 다지고 있다.

진화하는 소비자
고객은 똑똑하다

"Le client n'a jamais tort.(고객은 항상 옳다.)"
"Der Kunde ist König.(고객은 왕이다.)"

리츠 호텔의 창립자인 세자르 리츠가 한 말로, 이후 미국의 유통업체 월마트가 내건 슬로건이기도 하다. 이러한 슬로건은 기업이 무조건 낮은 자세로 고객을 높이 받들자는 의미보다는, 고객에게 서비스를 제공하는 당사 직원들에 대한 마인드 교육이나 고객에 대한 서비스 차원에서 사용되었다. '(직원들에게) 그렇게 대우해줘라' 또는 '(소비자들에게) 그렇게 대우해줄게'라는 의미를 인상적으로 표현한 것이다. 그런데 과거에는 기업이 소비자보다 강력한 정보와 힘을 갖고 시장을 움직였지만, 정보를 획득하고 공유하는 능력이 생긴 스마트한 소비자들은 이제 실제로 항상 옳은 존재가 되어버렸다.

Before
기업 : 이거 맛있는 거야.
소비자 : 조금 짠 것 같은데?
기업 : 맛있는 거라니까. 당분간 마트에 이것만 넣을 거야.
소비자 : 내 입에는 조금 짠데… 그냥 먹어야겠다.

After

기업 : 이거 맛있는 거야.

소비자 : 조금 짠 것 같은데?

기업 : 맛있는 거라니까.

소비자 : 먹어봤는데 짜다니까? 간도 안 맞는 것을 시장에 내놓고 소비자 의견까지 무시해? 블로그와 페이스북, 인스타그램에 올려서 다른 사람들에게 알려야겠네. 좋은 것은 널리 공유하고 좋지 않은 것은 미연에 방지해야 해!(스마트폰을 연다.)

기업 : 전하! 통촉하여 주시옵소서!

현대 소비자들은 왕이다. 과거에는 소비자의 의견이 집단 보이콧으로 연결되는 경우가 드물었고 기업은 그 전에 알아서 피하면 됐다. 하지만 현대 소비자들은 제품의 특성은 물론 원산지, 제조법, 나아가 기업윤리까지 파고들어 허점을 발견하는 즉시 지적한다. 이들은 정보를 찾고 공유하는 능력을 갖췄으며 이러한 행위가 당연하다고 인식한다. 운동화 하나를 사더라도 가격을 비교하고 후기를 읽어본 후 오프라인에서 물건을 직접 보기도 하며 기존 사용자들에게 쪽지를 보내 의견을 물어보기도 한다. 이러한 습성이 생긴 거대 집단으로서의 소비자들을 기업이 사탕발림으로 달래거나 강압적으로 휘두르기란 어림없는 데다 이제는 브랜드 충성도까지 약해진 소비자들의 비위를 맞춰야 한다.

사랑합니다, 고객님

소비자를 현혹할 수 있는 용어의 사용에 대해서도 최근의 소비자들은 웬만한 소비자단체보다 까다롭다. 예를 들면 염색이나 후처리를 하지 않은 천으로 아동복을 만들어 '자연주의'와 '오가닉'이란 단어를 사용한 의류 회사에 대해 인증마크 없이 왜 오가닉이라는 단어를 사용하는지, 만약 오가닉 인증을 받았다면 어느 기관의 어떤 기준을 통한 것인지 지속적으로 문의한다. 소비자는 오가닉 인증마크 획득 기준이 높은 나라가 어디인지 알고 있으며 다양한 오가닉 제품의 장점 및 단점, 가격대 등에 대한 축적된 정보를 가지고 있다. 아토피 피부염을 앓는 아이를 둔 부모들끼리 정보를 공유하고 국내뿐 아니라 유럽이나 미국, 일본 등 전 세계의 정보를 꾸준히 접하는 상황에서 어설프게 제품의 장점을 홍보하는 것은 역효과일 수도 있다.

현대 소비자에게 세상은 넓고 살 곳은 많다. 소비자가 해외 사이트를 통해 직접 구매하는 '직구'는 유통업자들이 가장 무서워하는 단어가 됐다. 이제 기업은 소비자의 반응을 지레짐작할 수도 없고 막대한 자본을 투입한다고 무조건적으로 현혹할 수도 없다. 어떤 상품이 좋은 것이라고 홍보하기 위해서는 그 이유를 명확하게 설명하거나 증거를 보여줘야 한다.

하지만 권력이 남용되면 폐해가 생기기 마련이다. 과거에는 기업들의 횡포가 만연했다면 이제는 역으로 소비자의 '갑질' 논란이 끊이지 않는다. 최근 한 케이블 프로그램의 출연자가 '손님이 왕이라는 개념은 기

업인들이 가져야 하는 것이지 손님이 가지는 것이 아니다'라고 일침을 가했다. 소비자들의 무분별한 갑질은 물론 그릇된 태도지만, 이런 이슈가 자연스러워졌다는 것은 소비자의 힘이 그만큼 커졌다는 방증이기도 하다. 과거에는 패션쇼 앞자리를 유명인과 패션지 편집장들이 독점했다면 이제는 패션 분야의 파워블로거들이 함께한다. 언젠가부터 파워블로거들은 스스로 소비자인 동시에 다른 수많은 소비자와 직접 연결된다는 이유로 막강한 파워를 얻었다. 진화한 소비자들은 이른바 신소비 집단이라 불리며 적극성의 정도나 행태에 따라 특징을 갖기 시작했다.

칩시크족, 쇼루밍족, 트라이슈머족

패션 소비자 가운데 시장이 제시하는 가격에 민감하게 반응하고 최소의 비용으로 최대의 만족도를 이끌어내는 집단을 칩시크족이라 한다. 합리적인 소비를 지향하는 칩시크족은 구매 전 탐색에 익숙하고 흥미를 느끼는 집단으로, 가격을 기준으로 구매한 뒤 최상의 만족도를 이끌어내고자 한다.

쇼핑 방법을 기준으로 소비자군을 나누는 경우 오프라인 매장에서 제품을 살펴본 후 인터넷 쇼핑몰에서 가격을 비교해 최저가로 구매하는 쇼루밍족이 있다. 특히 패션제품은 입어봐야만 느낌을 구체적으로 알 수 있는 스타일들이 있기 때문에 매장에 가서 입어보고 사이즈를 체크한 후 방 안에서 가격을 비교해 편안하게 쇼핑을 마무리한다. 구매를 결정하기까지 시간을 벌 수 있고 굳이 쇼핑백을 들고 오는 수고를 할 필요도 없는 것이 쇼루밍족의 장점이다. 최근 기업들은 이러한 소비자들의 특성을 파악해 온라인 쇼핑과 오프라인 쇼핑을 연계하고 있다. 온라인에서 쇼핑한 것을 오프라인 매장에서 가져갈 수 있게 하거나 오프라인 매장에서 보고 그 자리에서 온라인으로 구매할 수 있는 시스템을 구비하는 식이다.

또는 구매하기 전에 제품이나 서비스를 체험해보고자 하는 소비자를 트라이슈머라고 부르는데 구매 전 온라인과 오프라인 정보를 활용하고 탐색에 적극적인 소비자를 말한다. 현대 소비자들의 가장 큰 특성인 정보 공유 지향은 정보를 선취하여 다른 소비자들에게 적극적으로 전달하는 성향과 소비를 효율적으로 하고자 다른 사용자들의 경험을 참고하는 성향으로 나타난다. 전자는 리뷰슈머, 후자는 트윈슈머이며 전자의 경우 개인적으로 제품이나 서비스에 대한 평가를 올리기도 하지만 기업이 신제품에 대한 평가 및 홍보를 부탁하면 체험단 형식으로 활동하기도 한다.

이 외에도 시중의 상품에 만족하지 않고 자신의 취향에 맞게 제품을 변형하는 소비자들을 프로슈머, 크리슈머, 모디슈머, 큐레이슈머, 메타슈머 등으로 일컫는다. 이들은 기존에 제시된 사용법이나 카테고리에 연연하지 않고 자신의 취향과 요구에 맞게 제품을 변형한다. 예를 들면 여성복 라인으로 나온 재킷을 체격이 작은 남성이 구매하는 경우가 이에 해당한다. 왜소한 남성에게는 여성복 라인이 어깨 폭이나 길이가 잘 맞고 컬러도 다양해서 고를 수 있는 폭이 넓다. 또한 남성복 라인에서 나온 청바지를 헐렁하게 입기 위해 구매하는 여성도 있다. 이들은 원하는 스타일을 찾지 못했을 때 비슷한 것을 구매해서 리폼하기도 한다.

한편 상품의 구매가 개인적인 행위를 넘어 사회의 질적 순환을 위한 방향으로 이뤄져야 한다고 믿는 소비자가 늘고 있는데 이들을 소셜슈머라고 하고, 특히 친환경이나 유기농 제품을 선호하는 이들을 그린슈머라 한다. 이들은 기부를 많이 하는 기업의 제품을 적극 홍보하고 구매하는 한편 사회에 물의를 일으킨 기업의 물건은 보이콧하는 성향을 보인다. 예를 들어 아프리카 아동에게 신발을 기부하는 미국의 슈즈 브랜드 탐스나 공정무역을 모토로 하는 영국의 오가닉 브랜드 피플트리와 같은 브랜드를 선호한다.

클래식과 패드
유행이 150년 지나면

같은 옷이라도

유행에 10년 앞서면 망측한indecent

유행에 5년 앞서면 뻔뻔한shameless

유행에 1년 앞서면 과감한daring

유행일 때는 맵시 있는smart

유행이 1년 지나면 촌스러운dowdy

유행이 10년 지나면 끔찍한hideous

유행이 20년 지나면 우스꽝스러운ridiculous

유행이 30년 지나면 재미있는amusing

유행이 50년 지나면 진기한quaint

유행이 100년 지나면 낭만적인romantic

유행이 150년 지나면 아름다운beautiful

옷이 된다.

영국의 복식학자 제임스 레이버는 저서 《취향과 유행》에서 같은 옷도 시기에 따라 다른 패션이 된다고 말했다. 복식의 규범이 엄격했던 당시와 현재는 차이가 있어 그가 말한 유행 주기를 그대로 받아들이기엔 무리가 있지만, 같은 패션이라도 시기에 따라 전혀 다른 느낌을 준다는 데는 이견이 없다. 작년에 즐겨 착용했던 초커를 1년 만에 했는데 어색하게 느껴진다면 유행이 지났기 때문이다. 하지만 재작년에 구매한 트렌치 코트를 입는 경우에는 아무런 문제가 없다.

이처럼 시간의 흐름과 관계없이 가치를 가지는 스타일링이나 패션 아이템을 클래식이라 하고 단기간에 크게 유행하는 것을 패드fad라 하며, 클래식보다는 좁고 패드보다는 넓은 계층에 일정 기간 동안 인기를 끈 것을 일반적으로 유행이라고 한다.

패션에서 클래식 아이템은 트렌치 코트나 샤넬 재킷, 폴로셔츠 등이 있는데 모두 실용성에 기반을 둔 기본적인 스타일로 시간의 흐름에 영향을 받지 않는다.

패드는 사회 전반에 넓게 확산되기보다 특정 하위문화 집단에서 급격하게 확산되는 것으로 독특한 스타일이 많다. 의류 품목보다는 구매하기 쉬운 가격대의 액세서리류가 많은데, 90년대 젊은 계층에 선풍적인

인기를 끌었던 브릿지 염색이나 미국 드라마 〈섹스 앤 더 시티〉에서 주인공 캐리가 즐겨 하던 이니셜 목걸이를 들 수 있다. 패드는 특정 계층에 열정적으로 소비되는 한편 일반 대중이 공감하기는 힘든 스타일이 많다. 2009년 미국에서는 순정만화 주인공처럼 눈이 반짝거리는 효과를 위해 결막 사이에 얇은 금속을 삽입

하는 것이 유행했다. 젊은이들 사이에서는 인기를 끌었지만 일반 대중은 이해하기 힘든 장식이었다. 2015년 중국에서는 싹이 나는 듯한 안테나 모양의 머리핀이 젊은 층에 패드로 인기를 끌기도 했다.

패드로 시작했지만 여러 번의 반복을 거쳐 클래식으로 정착하는 경우도 있다. 양모로 된 어그 부츠나 고무 재질의 크록스 샌들은 처음 소개될 때 독특한 디자인으로 젊은 층에 선풍적인 인기를 끌었지만 이듬해에는 상대적으로 식상한 아이템으로 인식되어 패드로 그치는 듯했다. 하지만 두 아이템 모두 실용성을 가지고 있었다. 크록스 샌들은 통풍이 잘 되는 디자인으로 가볍고 시원한 여름 신발로 애용되었고 어그 부츠는 빙판에 미끄러지지 않고 보온성이 좋은 겨울 신발로 꾸준히 사용되었다. 두 아이템은 기존의 젊은 연령층뿐만 아니라 아동과 중년 이상의 소비자층까지 확대되었고 클래식으로 자리 잡았다.

일반적으로 패션의 유행은 기획을 통해 이뤄진다. 다양한 전문기관에서 앞으로의 유행 패션을 발표하는데, 가장 먼저 발표되는 것은 유행 색상이다. 국제유행색상협회인 인터 컬러 및 팬톤이나 CCI와 같은 색채연구소에서 2년 후의 유행 색상에 대해 조사한다. 이들은 주제를 잡고 어울리는 색상을 뽑아 그

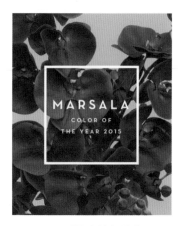

2015 팬톤 컬러 '마르살라'

에 걸맞은 이름을 붙여 색상의 감정을 전달한다. 비슷한 블루라도 미묘한 느낌일 때는 터키즈, 스포티한 느낌을 강조할 때는 스쿠바 블루, 시원한 느낌일 때는 아쿠아 블루로 이름을 정해 구체적인 느낌을 전달한다. 팬톤은 2015년의 색상으로 마르살라Marsala를 발표했는데, 실제 2015년의 메이크업과 패션에 마르살라 색상이 주를 이뤘다. 그리고 2017년 올해의 유행 컬러로는 그리너리greenery를 발표했다.

색상 다음으로 전개되는 것은 소재다. 프랑스에서 열리는 국제 섬유 전시회인 프리미에르 비종과 파리 원단·원사 박람회 엑스포필, 이탈리아의 이데아 코모 등 세계적인 직물 박람회에서 1년 후에 유행할 원단들을 소개한다. 그리고 발표된 유행 색상과 직물들을 가지고 6개월 앞서 컬렉션이 개최된다. 파리 컬렉션, 밀라노 컬렉션, 뉴욕 컬렉션, 런던 컬렉션, 동경 컬렉션, 서울 컬렉션 등을 통해 앞으로 유행할 하이패션을 선보인다. 이렇게 컬렉션을 통해 제시된 패션들은 다양하게 복제되어 시즌에 맞춰 소비자에게 제공된다. 소비자들은 제공된 패션을 각자의 취향에 맞게 소비하며 유행의 흐름에 동참한다.

시장은 끊임없이 새로운 것을 내놓고 이전의 것을 오래된 것으로 치부하며 소비자의 구매욕을 불러일으킨다. 패션 영역에서의 유행은 자연스럽게 형성되는 것처럼 보이지만 실상은 전문가들의 계획에 맞춰 만들어지는 경우가 많다. 그러나 이러한 유행이 클래식으로 남느냐, 패드로 머무느냐는 소비자의 선택에 달려 있다.

브랜드에 대한 제한 없이 자유롭게 섞어 입는 시도는 자신의 스타일링 능력을 드러낸다. 스타일링에 성공한다면 럭셔리 드레스에 스파 브랜드 카디건을 걸치는 것이 자신감과 여유로움을 강조해 줄 수 있다. 값비싼 명품옷에 에코백을 메는 것도 마찬가지다.

옷장,
가지고
놀기

03

STYLING
BRAND
RANGE
FANTASY
WOMAN
RESISTANCE

같은 옷이라도

유행에 10년 앞서면 망측한indecent

유행에 5년 앞서면 뻔뻔한shameless

유행에 1년 앞서면 과감한daring

유행일 때는 맵시 있는smart

유행이 1년 지나면 촌스러운dowdy

유행이 10년 지나면 끔찍한hideous

유행이 20년 지나면 우스꽝스러운ridiculous

유행이 30년 지나면 재미있는amusing

유행이 50년 지나면 진기한quaint

유행이 100년 지나면 낭만적인romantic

유행이 150년 지나면 아름다운beautiful

옷이 된다.

– 제임스 레이버James Laver

패션은
이름이다

STEP 06

"내가 그것의 이름을 불러주기 전에는 그것은 다만 하나의 천 쪼가리에 지나지 않았다. 내가 그것의 이름을 불러주었을 때 그것은 나에게로 와서 패션이 되었다."

어느 분야에 대한 지식을 얻으려면 용어부터 알아야 한다. 용어를 알면 개념을 인식하게 되고 그 카테고리 안에 무엇이 포함되는지 알게 된다. 패션 용어는 만들어진 지역이나 유행시킨 사람의 이름, 재료나 형태를 따서 만들어진다. 벨기에의 시골 도시인 더플 지역에서 나는 성글고 거친 모직물로 만든 코트는 더플코트가 되었고, 코코 샤넬이 기품에 실용성을 더해 만든 재킷은 샤넬재킷이 되었다.

지역에 따라 용어 사용이 달라지기도 한다. 국내에서는 프레피 룩과 스쿨 룩을 같은 의미로 사용하는데 해외, 특히 미국에서는 이미지에 차이가 있다. 프레피는 일류대학 입학을 목적으로 하는 사립 고등학생을 뜻하는 용어로 '학생' 뿐 아니라 '부유함'이라는 이미지가 함께 있다. 프레피 룩이 아가일이나 체크 패턴을 기본으로 하는 단정하고 클래식한 스타일이라면 스쿨 룩은 학생다운 발랄함이 느껴지는 스타일을 의미한다.

또한 용어에는 시대의 특성이 구체적으로 반영된다. 소년 같은 느낌을 주는 여성복 스타일을 톰보이 룩이라 하는데 특히 1920년대 감성의 미니멀하고 보이시한 스타일을 가르손느 룩이라고 한다. 이는 프랑스 작가 빅토르 마르그리트가 1922년에 발표한 소설 〈라 가르손느〉에 등장한, 활동적이고 진취적인 스타일의 여성 캐릭터에서 비롯된 단어다. 당시 여성들은 이 소설 속 인물처럼 짧고 액티브한 패션의 자유롭고 보이시한 여성에 호감을 가졌다.

우리가 사용하는 패션 용어들은 주로 영어식이거나 일본어가 변형된 형태로 사용된다. 과거 수영장이 대중적이지 않았을 때 미국에서는 커다란 수조인 탱크에 물을 받아 수영을 했는데 이 시기에 수영복처럼 입었던 소매 없는 셔츠를 탱크톱이라고 불렀다. 이러한 스타일을 일본에서는 소매가 없다는 뜻으로 소데나시라 불렀고 국내에서는 이를 줄여 나시라고 칭했다.

용어에 관하여 패션 전공자들이 자주 받는 질문 중 하나가 오트쿠튀르haute couture와 프레타포르테prêt-à-porter의 의미다. 오트쿠튀르는 고급 맞춤복, 프레타포르테는 고급 기성복을 말한다. 1960년대부터 오트쿠튀르에 수정을 가해 대중화하기 시작한 것이 프레타포르테인데 최근에는 영어식 표현인 레디투웨어Ready to Wear가 자주 쓰인다. 일반적인 패션쇼라고 하면 대부분 프레타포르테를 의미하고, 시기적으로 프레타포르테보다 앞서 열리는 오트쿠튀르는 패브릭이나 디테일에서 보다 고급화를 추구한다. 하이패션 브랜드에서 수공예를 연상시킬 만큼 손이 많이 가고 대중적인 판매가 불가능한 쿠튀르 라인을 진행하는 것은 브랜드의 이미지를 유지하기 위해서다. 프레타포르테가 유명한 스타들을 초대하고 언론에 홍보하며 가능한 한 많은 대중을 모아 선보이는 반면 오트쿠튀르는 상대적으로 조촐하되 클래식함을 강조할 수 있는 장소에서 예술에 가깝게 선보인다.

점퍼
'잠바' 달라면 무엇을 줄까

미국인, 영국인, 한국인 셋이서 잠바를 입고 만나기로 했다. 약속 장소에 모인 이들은 서로가 약속을 어겼다고 생각한다. 세 사람 모두 다른 스타일의 옷을 입고 왔기 때문이다.

한국의 점퍼

일반적으로 점퍼jumper는 겨울에 보온용으로 입는 따뜻한 겉옷을 말한다. 재질이나 스타일에 따라 오리털 점퍼, 야구 점퍼, 패딩 점퍼 등으로 불리며 대학에서 유니폼처럼 입는 학교 점퍼, 과 점퍼 등 겉옷으로 가장 많이 쓰이는 용어 중 하나다. 과거 테일러드된 겉옷에서 스커트 부분을 제외한 윗부분을 점프jump라고 불렀는데 여기에 접미사 -er을 붙인 것이다. 이는 일본으로 넘어가 서양 의복의 상의, 특히 보온용으로 입는 겉옷을 지칭할 때 폭넓게 쓰였다. 국내에서도 이를 동일하게 사용하면서 일본식 발음인 잠바로 불리게 됐다. 요즘 젊은 층에서 유행하는 스카잔은 '스카'와 '잠바'의 합성어로, 일본의 요코스카 지역에서 미군들의 점퍼에 수를 놓아 되판 옷에서 유래했다.

우리가 잠바라고 하는 옷은 패션 용어에서 재킷과 블루종으로 분류된

미국의 점퍼   영국의 점퍼

다. 여밈이 있고 소매가 달린 짧은 길이의 겉옷은 재킷으로 통칭하는데 특히, 밑단에 고무단 형태로 조임이 있는 스타일을 블루종이라고 한다. 우리가 흔히 잠바라고 부르는 것은 보통 블루종이다. 원래 블루종은 허리 부분의 특성을 지칭하는 스타일링으로 재킷 외에 블라우스 형태에도 이러한 디테일이 있으면 블루종이라고 부른다.

그렇다면 외국 여행 중에 들른 상점에서 "잠바 있어요?"라고 하면 점원은 무엇을 보여줄까? 미국에서는 소매와 칼라가 달리지 않은 원피스 형태인 점퍼드레스를 보여줄 것이고, 영국에서는 두꺼운 울로 만든 풀오버를 보여줄 것이다.

물론 어떤 용어를 사용하든 커뮤니케이션이 제대로 이뤄진다면 문제는 없다. 보온용으로 입는 오픈 형태의 겉옷을 잠바라고 했을 때 소통에 어려움이 없다면 굳이 새로운 용어로 바꿀 필요는 없다. 단, 해외에 쇼핑을 가거나 해외 쇼핑몰에서 옷을 구매한다면 알아두어야 할 상식이다.

이렇게 우리식으로 굳어진 용어는 잠바 외에도 여러 가지가 있다. 와이셔츠의 경우 과거 슈트 안에 입던 드레스셔츠가 하얀색이어서 화이트셔츠로 불렸는데 영어식 발음인 와잇white이 우리식으로 굳어진 형태다. 기모가 들어간 풀오버 스타일의 상의를 일컫는 맨투맨셔츠는 패션용어로는 스웨트sweat셔츠다. 활동성 있는 이 스타일을 스포츠 선수들이 자주 입어 스포츠 용어인 맨투맨을 가져와 사용한 것이 보편화된 경우다.

두르는 형태의 겉옷을 지칭할 때 보통 망토란 단어를 사용하는데 이 또한 디테일에 따라 판초, 케이프, 망토 등으로 나뉜다. 판초poncho는 남미 사람들이 입던 옷으로 중앙에 머리가 들어갈 동그란 구멍을 뚫어 단순하게 제작된 스타일이다. 도시적인 이미지보다는 전통적이고 민속적인 포크로어folklore 룩의 스타일링에 자주 사용된다.

케이프cape는 목 부분에 칼라가 달리거나 아래쪽에 주머니가 있는 등 판초보다 테일러드한 형태를 말한다. 독립적으로 입을 수도 있지만 대개 코트에 부착해서 입는다. 또 장식적인 효과를 위해 옷에 부착된 것을 케이프라고 칭하는데 배트맨이나 슈퍼맨이 하늘을 날 때 펄럭거리는 천도 케이프라고 볼 수 있다.

망토manteau는 넉넉한 사이즈에 소매 없이 후드가 달린 겉옷을 의미하지만 현대에는 외투의 의미로 폭넓게 사용된다. 즉 케이프가 옷에 부착하는 아이템이라면 망토는 독립적인 착장으로서의 아이템이다. 따라서 빨간 망토, 요술 망토, 슈퍼맨 망토 등으로 통칭해서 쓰기보다는 소매가 없는 옷의 형태는 케이프란 용어가 적합하다. 모자가 달린 소매 없는 겉옷은 과거에 말을 탈 때 입었다고 해서 라이딩후드로 불리기도 한다. 프랑스 소설 〈빨간 모자Little Red Riding Hood〉로 익숙한 명칭이지만 동화적인 이미지를 풍겨 패션에서는 사용되지 않는다.

빈티지
과거는 현재를 유혹한다

할리우드 영화배우들이 총출동하는 오스카 시상식은 미국뿐 아니라 전 세계가 관심을 가지는 축제다. 레드카펫에 등장하는 아름다운 여배우들이 어떤 드레스를 입고 왔는지는 패션계는 물론 대중의 큰 관심거리다. 한번은 안젤리나 졸리가 레드카펫에 입장하자 시상식을 보도하는 기자들이 "안젤리나 졸리는 오늘 에르메스의 빈티지 드레스를 입고 왔습니다"라고 알려줬다. 그녀의 드레스를 보지 않고 이 멘트만 들었다면 '빈티지'라는 말 때문에 해지거나 찢어진 독특한 스타일의 드레스를 상상했을 것이다. 하지만 그녀의 드레스는 엘레강스한 분위기의 실크 드레스였다.

빈티지vintage란 본래 숙성된 와인의 종류를 뜻하는 말로 오래된 것을 지칭할 때 사용된다. 골동품이 원래 사용법대로 사용하기에 시간이 너무 지나 소장용이나 장식품으로 한정된 물품을 의미한다면, 빈티지는 현재도 그 나름의 멋을 풍기며 사용할 수 있는 것을 말한다. 근본적으로 빈티지는 시간이 흘러 희귀해지면서 가치가 높아진다는 의미를 포함한다. 매일같이 새로운 상품이 쏟아져 나오는 현대사회에서 무언가를 버리지 않고 오랫동안 보존하는 것은 기본적으로 가치가 있기 때문이다. 시간의 흔적이 물들면서 고급스러운 느낌이 배가되는 데다 현재 더 이상 생산되지 않는 경우엔 리미티드 상품으로 희소성이 생기게 된다.

신사의 품격을 드러내는 데 고가의 신상품도 럭셔리함을 보여줄 수는 있지만 수십 년 전 나온 빈티지 롤렉스 시계가 주는 느낌은 오래된 고급 와인에서 느껴지는 짙은 향의 럭셔리함이다. 옷과 액세서리는 쉽게 손상되는 제품은 아니기 때문에 잘만 간수하면 빈티지의 매력을 더할 수 있다. 물론 여기에는 유행이라는 걸림돌이 있다. 그런데 유행은 시간이 일정 기간 이상 흐르면 오히려 극복되기도 한다. 작년이나 재작년의 것은 유행을 이기지 못해도 십 년 전 코트는 오히려 세련된 패션 아이템이 될 수 있는 것이다. 시골 할머니 댁에 놀러 갔다가 우연히 옷장을 열었는데 할머니가 젊은 시절 입던 자줏빛 코트를 발견했다면 이걸 가지고 개성 있는 빈티지 패션을 연출할 수 있다. 이와 마찬가지로 90년대 섹시스타였던 배우가 레드카펫에서 입었던 드레스를, 수십 년이 지나 새로운 섹시 아이콘이 된 배우가 빈티지 드레스로 활용해서 과거의 향기와 새로운 감각을 동시에 보여줄 수 있는데 바로 이게 빈티지의 묘미다. 빈티지의 초점은 단지 '해지고 낡았다'는 속성에 있는 것이 아니다.

국내에서는 빈티지와 그런지grunge의 구분이 모호한데 그런지는 빈티지보다 훨씬 자유로운 이미지이다. 얼터너티브 록 음악의 한 장르로, 90년대 초 기계적이고 정밀한 메탈에 비해 여러 가지가 넝마처럼 섞인 자유로운 사운드를 그런지 뮤직이라고 불렀다. 그런지 뮤직의 록 밴드들 역시 올이 풀리고 찢어지거나 해진 옷을 입으며 자유로움을 온몸으로 표현했다. 그런지 뮤직의 대표주자인 너바나의 커트 코베인은 그의 높은 스타성을 통해 90년대 그런지 패션을 유행시켰다.

시간의 개념을 표현하는 또 다른 패션 용어로 복고retro가 있다. 빈티지 패션이 아이템 자체를 그대로 사용하는 것이라면 복고 패션은 이미지를 차용한다. 복고는 친숙함과 새로움을 함께 표현할 수 있는 최고의 방법으로 패션에서 끊임없이 선호되는 콘셉트다. 과거와 현재의 조합은 시대적 코드가 맞을 경우 효과적인데, 미니멀한 사조가 유행하고 미니스커트가 대세였던 60년대에는 비슷한 사조가 선호되던 20년대 패션이 복고풍으로 선보였다. 80년대의 빅 룩을 선호하지 않게 된 90년대에는 그보다 전 세대인 70년대에서 영감을 얻은 복고풍이 많이 등장했다.

복고 패션은 과거의 이미지를 그대로 재현하기보다 현대의 취향을 고려한 효과적인 차용을 목적으로 한다. 이미 인정받은 안정된 이미지를 재현하는 개념이다. 현재에 복고 패션을 취하는 계층은 당대를 살았던 계층과 다르다. 80년대 20대들의 패션은 2000년대에도 20대의 흥미를 끈다. 그래서 복고 패션은 초기 소비자에게 선보일 때 복고의 개념을 아주 뚜렷하게 드러내지는 않는데, 너무 의도적인 스타일링은 부담을 줄 수 있기 때문이다. 만약 80년대의 재현에만 몰두해서 손수건을 헤어밴드처럼 머리에 묶고 밑위가 긴 길이의 물 빠진 청바지에 흰 양말과 스니커즈를 신는다면 이는 트렌디하다기보다 80년대 코스튬처럼 느껴질 수 있다. 하지만 그 아이템들을 꾸민 듯 안 꾸민 듯 자연스러운 멋을 추구하는 놈코어 이미지로 스타일링하면 현재 대중이 선호하는 이미지로 재현될 수 있다.

패션시장은 일반적으로 특정 시대를 떠올리기 위해 복고풍을 시도하기

영화 〈레옹〉의 마틸다가 착용한 초커

보다는, 어떤 복고적인 패션을 선보였을 때 대중의 호응이 있으면 이에 스토리를 붙어넣기 위해 복고를 강조한다. 예를 들어 90년대 여성들에게 검은색 끈을 목에 두르는 초커가 유행했는데, 이 초커는 2014년 패드fad 형태로 국내 20대 초반 여성들에게 들어왔다. 이들은 영화 〈레옹〉의 마틸다처럼 시크하면서 귀엽고 세련된 느낌으로 초커를 스타일링했다. 초커가 인기를 끌자 판매자들은 이를 90년대 복고풍 콘셉트로 소개했고 젊은 여성들의 관심은 더욱 커졌다.

새로운 아이템을 과거에서 찾는 것은 매우 영리한 방법이다. 현재 소비자의 니즈를 파악해서 적절한 아이템을 가져온다면 복고 콘셉트로 매력적이고 입체감 있는 패션을 완성할 수 있다. 80년대 인기를 끌었던 젤리슈즈는 2000년대 초반 국내에 들어왔는데 가볍고 경쾌한 컬러와 재질감으로 비가 올 때나 바캉스를 위한 신발로 소개되면서 높은 판매를 이룰 수 있었다.

블레이저
남자는 '마이'를 입는다

90년대 중반 한 의류회사 광고에 남성이 브래지어를 착용하고 있는 사진과 '남자가 브래이저를 입는다고?' 라는 문구가 쓰인 적이 있다. 블레이저란 용어에 익숙하지 않은 국내 소비자에게 이를 재미있게 소개하려 한 콘셉트의 광고였다.

블레이저blazer는 옥스퍼드와 케임브리지 대학의 보트 경기에서 유래했다. 1877년 케임브리지 대학의 보트클럽 선수들은 학교의 시그니처 컬러인 다홍색 재킷을 맞춰 입었다. 학생들은 보트에 오르기 전 다홍색 재킷을 벗어던졌고 그 광경은 눈부신 햇살을 받아 불이 타오르는blazing 느낌을 주었다. 이후 사람들은 유니폼 스타일의 재킷을 블레이저로 불렀다. 자주 입는 스타일이지만 블레이저라는 용어가 익숙하지 않아 겉옷을 통칭하는 재킷, 일본어에서 유래된 마이를 사용하는 경우가 많다. 특히 학생들은 교복 마이라는 단어를 자주 사용하는데, 마이는 싱글 브레스트 재킷을 의미하는 일본어 카타마에의 한국식 발음인 가다마이를 줄인 단어다.

블레이저는 격식이 있고 몸에 꼭 맞게 착용하는 정장 슈트 재킷보다 재질이나 컬러가 다양하고 움직임에 편리하게 재단된다. 격식을 차리면서도 활동성을 고려한 의상으로, 중고등학생 교복 재킷이나 올림픽 같은

블레이저   슈트 재킷

스포츠 이벤트에서 개막식과 폐막식 때 선수단이 입는 재킷을 예로 들 수 있다.

패션은 재단된 옷 자체를 넘어 그것이 풍기는 이미지이다. 올림픽 개막식에 국기와 함께 입장하는 선수단의 유니폼은 해당 국가가 가지고 있는 패션 감각을 보여준다. 그래서 하이패션이 발달하고 유명한 패션 디자이너가 많은 프랑스나 이탈리아 선수단이 나오면 그들의 유니폼을 기대하게 된다. 실제로 패션으로 유명한 나라들은 자국 패션 감각의 명성을 유지하기 위해 올림픽 유니폼 디자인에 심혈을 기울인다. 2012년 런던올림픽에서 영국 유니폼은 유명 패션디자이너 스텔라 매카트니, 이탈리아 유니폼은 조르지오 아르마니, 미국 유니폼은 랄프 로렌의 작품이다.

미국 시사 주간지 〈타임〉은 2012년 런던올림픽 참가국들의 유니폼을

베스트와 워스트로 구분했다. 당시 베스트 유니폼에는 이탈리아, 영국, 프랑스, 독일을 비롯해 한국 유니폼도 당당하게 이름을 올렸다. 우리나라 유니폼의 콘셉트는 대한민국의 이름을 걸고 참가한 최초의 올림픽인 1948년 런던올림픽의 재발견이라는 모티브로 당시 선수들이 입었던 재킷에서 영감을 얻어 디자인되었다. 워스트 유니폼에는 중국, 러시아, 스페인, 미국 등이 선정됐는데 특히 랄프 로렌이 디자인한 미국 유니폼에 대해 콘셉트가 약하고 지나치게 상업적인 스타일이라고 비평했다. 중국 유니폼에 대해서는 디자인이라고 할 만한 것이 딱히 없으며 오렌지빛 도는 붉은 블레이저와 노란 넥타이가 맥도날드 앞에 놓인 캐릭터 로널드 맥도날드 같다고 혹평했다.

그 다음 올림픽인 2016년 리우올림픽에서는 미국 경제 전문지 〈포브스〉가 유니폼 스타일이 가장 멋진 다섯 나라를 선택했는데, 패션디자이너 딘 케이든과 댄 케이든 형제가 디자인하고 허드슨스 베이가 제작한 캐나다 유니폼이 1위였다. 2위는 스텔라 매카트니가 아디다스와 손잡고 만든 영국 유니폼이, 3위로는 H&M이 환경을 고려해 재활용 가능한 섬유로 제작한 스웨덴 유니폼이 꼽혔다. 또 랄프 로렌이 디자인한 미국 유니폼은 혹평을 받았던 2012년과 달리, 선수단 기수를 위해 전자 발광 패널을 부착한 블레이저가 패션과 기술의 융합을 리드했다는 평가를 받으며 4위에 올랐다. 빈폴이 제작한 한국 선수단의 패션도 좋은 평가를 받으며 5위에 랭크됐다. 다크한 네이비 컬러의 블레이저와 화이트 팬츠는 액티브한 인상을 주며 조화를 이뤘고 지카바이러스 예방에 효과적인 방충 원단을 사용한 것도 좋은 인상을 남겼다.

트렌치| 코트
군대에서 태어난 옷들

군대는 자본과 기술이 집약된 곳으로 최상의 긴장 상태를 유지하면서 계속해서 새로운 것을 개발하는 곳이다. 패션에도 군대에서 검증된 디자인과 기능이 대중의 선택을 받아 일상에 흘러든 경우가 많다. 조직적이고 위엄 있는 이미지와 익숙함이 패션에서 클래식한 아이템으로 자리 잡은 것이다. 카무플라주 패턴이나 견장 같은 디테일로 밀리터리 룩이 대중적으로 연출되고 있고, 경쾌한 스트라이프 패턴으로 여름마다 인기를 끄는 네이비 룩도 해군의 옷에서 착안된 것이다. 이 외에도 카고팬츠, 더플코트, 흔히 야상이라고 불리는 야전용 재킷이나 군화인 콤배트 부츠 등은 꾸준히 사랑받는 패션 아이템이다.

공군은 하늘을 나는 폭격기 안에서 추위를 견뎌야 한다. 이들을 위해 보온성과 활동성을 고려하며 소속감을 나타낼 수 있도록 디자인된 재킷을 보머재킷bomber jacket이라 한다. 편하게 앉을 수 있게 허리선을 조금 넘긴 길이의 가죽 재킷으로, 안쪽은 양모섬유를 댔으며 손목과 허리에는 고무단을 대서 보온성과 활동성을 갖췄다. 소속 군대를 나타내는 엠블럼도 디자인 요소다. 보머재킷은 남성적인 느낌이 강해 스킨헤드와 같은 거친 분위기의 하위문화에서 애용하는 패션 아이템이다. 1986년 톰 크루즈가 공군 비행사로 나왔던 〈탑 건〉의 인기와 함께 크게 부각되어 지금까지 세련되고 고급스러운 느낌으로 대중에게 널리 사랑받고 있다.

보머 재킷

공군들이 입었던 재킷을 폭넓게 플라이트 재킷으로 통칭하기도 하는데 국내에서는 이를 번역해 항공점퍼라 부른다. 그중 가벼운 나일론 재질의 블루종인 MA-1 스타일은 특히 대중적으로 인기가 많은데, 겉감은 어두운 그린 컬러 계열이고 안감은 조난당했을 때 뒤집어 구조 요청을 할 수 있도록 밝은 주황색으로 디자인되었다. 영화 〈레옹〉에서 어린 여자 주인공 마틸다가 입은 아이템이다.

해군은 시원하고 넓은 바다를 연상시키기 때문에 남녀 모두에게 선망과 호감을 불러일으킨다. 해군의 스타일을 마린 룩, 네이비 룩, 세일러 룩 등으로 부르는데 특히 여름 패션으로 인기를 끈다. 마린 룩은 제국주의 시대 천하무적이었던 영국 해군복에서 유래된 것으로 영국에서 아동복으로 제작되면서 대중 패션으로 들어오게 된다. 프랑스를 비롯한 유럽 각지에서 비슷한 스타일을 여성복에 도입했고, 특히 영국 문화에 호감도가 높은 일본은 자국의 해군복을 영국풍으로 변형했으며 고등학교 교복에도 세일러 칼라를 비롯한 마린 스타일을 도입했다. 스트라이프 패턴은 멀리서도 눈에 띄어 예부터 선원들의 옷에 자주 사용됐는데, 프랑스 해군복에 있던 스트라이프 패턴의 셔츠를 브레통 셔츠라 불렀다. 이후 코코 샤넬이 이를 세련되게 변형하여 패션쇼에서 선보이면서 대중패션으로 폭넓게 들어왔다.

피 코트는 영국 해군의 겨울 코트로 배의 갑판 위에서 추위를 견딜 수 있도록 디자인된 방한 코트이다. 갑판을 뜻하는 단어를 사용해 리퍼 코트나 브리지 코트로도 불린다. 바람의 방향에 따라 단추를 채울 수 있게끔 더블브레스트로 되어 있고, 보온성을 더하기 위해 깃이 넓은 것이 특징이다. 과거에는 소속을 나타내기 위해 금장 단추를 달았는데 현재에도 정통의 이미지를 주기 위해 금장 단추를 다는 경우가 많다.

피 코트

트렌치 코트는 습하고 추운 참호trench에서 전투하는 군인들을 위한 겉옷으로 패션 브랜드 버버리의 설립자인 토머스 버버리가 1차 세계대전 중에 자신이 개발한 옷감인 개버딘을 가지고 만든 데서 버버리 코트라고 한다. 초기에 레인코트로 만들어졌지만 이후 군인을 위한 디테일을 첨가한 후 영국 육군성의 정식 승인을 받아 군인들의 겉옷으로 자리했다. 몸을 따뜻하게 보호하기 위해 통기성, 내구성, 방수성을 모두 고려해서 만든 옷이다. 허리벨트나 움직임을 고려한 등 부분의 주름, 수류탄을 걸 수 있는 고리나 견장, 소매를 걷고 작업할 수 있도록 고안된 손목의 조임 끈, 바람의 방향에 따라 여밀 수 있는 더블브레스트, 총을 어깨에 대기 편하게 하면서 비가 흘러내리도록 덧댄 어깨의 천 등은 모두 군인을 위한 요소였다. 제2차 세계대전 이후에는 여성들도 입는 대중적인 패션이 되었고 지금까지 클래식한 패션 아이템으로 널리 사랑받고 있다.

트렌치 코트   매킨토시 코트

트렌치 코트는 형태가 비슷한 매킨토시와는 구별된다. 줄여서 맥코트라
고도 하는 매킨토시는 본래 찰스 매킨토시가 1823년 개발한 비옷으로
천과 천 사이에 고무를 넣고 압력을 줬다고 해서 러버코트라고도 한다.
색상이 비슷하고 방수가 되는 겉옷이라는 점에서 공통점이 있지만 디테
일이 많은 트렌치 코트에 비해 심플한 것이 특징이다.

바지의 길이와 폭에 대한 고찰

바지 길이를 수선하러 간 친구가 원하던 길이보다 짧게 잘렸다며 새 바지를 버렸다고 울상이 되었다.

"그럼 아예 5cm쯤 더 잘라서 카프리 팬츠를 만들어 봐."

바지는 길이에 따라 느낌이 크게 달라진다. 발목을 덮는 기본적인 라인의 경우 적극적인 활동성이 느껴지지 않지만 길이가 짧아질수록 액티브하고 신선한 느낌이 든다. 활동성은 노동을 위한 것일 수도 있고 취미나 레저를 위한 것일 수도 있는데, 패션에서는 의무적 느낌의 전자보다 여유로운 후자의 이미지를 선호한다. 여유 있는 모습을 표출하는 것이야말로 패션을 매력적으로 보이게 하는 가장 효과적인 방법이다. 짧게 잘린 바지가 고급스러운 이미지와 만나면 색다른 느낌의 편안함을 주는 디자인이 된다.

일반적인 바지는 발목까지 다리를 다 덮는 길이를 의미하고, 이보다 짧으면 크롭 팬츠라고 통칭한다. 이때 잘린 길이에 따라 명칭이 세분화되는데 발목과 무릎 사이의 길이를 카프리 팬츠 혹은 사브리나 팬츠라고 부른다. 카프리 팬츠는 이국적이고 고급스러운 패턴으로 유명한 패션 디자이너 에밀리오 푸치에 의해 디자인되었다. 이탈리아 카프리 섬에

카프리 팬츠   버뮤다 팬츠

있는 그의 매장은 상류층 여성들의 리조트 웨어나 크루즈 웨어로 큰 인기를 끌었다. 그러다 오드리 헵번이 출연한 영화 〈사브리나〉에서 패션 디자이너 지방시가 디자인한 크롭 팬츠가 선풍적인 인기를 끌기 시작하면서 사브리나 팬츠로도 불리게 됐다.

무릎이 보이는 바지는 일반적으로 쇼츠라고 부르는데, 특히 무릎 정도 길이는 버뮤다 팬츠 혹은 버뮤다 쇼츠라고 한다. 북대서양 서부 버뮤다 제도에서 현지인들이 입던 바지가 이곳으로 휴양 온 사람들을 위해 리조트 웨어로 디자인되면서 붙은 이름이다.

2000년대 이전에는 남성이 짧은 바지를 입는 것이 어색하게 느껴졌다. 하지만 이후 카프리 팬츠나 버뮤다 팬츠가 남성들에게 대중적인 인기를 끌었고, 최근에는 몸을 가꾸는 남성들을 위해 사이클용 스타일의 짧고 달라붙는 바지가 등장하는 등 짧은 바지도 남성 패션의 주요 아이템으로 자리하고 있다.

핫팬츠

허벅지가 보일 정도의 짧은 바지는 핫팬츠라고 하며 여성이나 아동이 주로 입는다. 속주머니보다 바지 길이가 짧아 안감이 바지 밑으로 보일 정도의 짧은 팬츠는, 이 아이템을 유행시키는 데 영향을 끼친 미국 드라마 〈해저드 마을의 듀크 가족〉을 본떠 데이지 듀크라고 한다.

〈톰 소여의 모험〉, 〈허클베리 핀의 모험〉에서 주인공들이 즐겨 입던 바지 스타일을 니커보커스 혹은 니커스라고 한다. 이는 뉴욕 지역에 이주한 네덜란드인을 가리키는 니커보커라는 말에서 유래했다. 이후 니커보커는 19세기 초 영국, 네덜란드, 미국의 문화를 자유롭게 받아들이는 뉴욕 맨해튼의 젊은이들을 가리키는 단어가 되었다. 그들이 입던 무릎 정도 길이에 넉넉한 품의 하단을 조인 바지를 니커보커스 또는 니커스라고 칭했다. 소년들의 옷

니커보커스

이나 야구복, 골프복 같은 운동복으로 사용되면서 대중적으로 알려진다.

이처럼 밑단을 묶어 만든 형태의 팬츠로 블루머즈가 있다. 1849년 잡지

블루머즈

〈릴리〉를 창간하고 여성의 권리를 주장하는 글을 기고한 아멜리아 블루머의 이름을 본뜬 것이다. 여성 패션이 여성의 활동을 제약하는 요인이라고 지적하며 패션의 간소화를 주장한 그녀는 치마 가운데를 바느질한 형태의 바지를 자전거복으로 제시했다. 현재는 여성의 속바지 형태를 지칭하는 용어로 사용된다.

국내에서 70년대 대대적인 인기를 끌었던 나팔바지는 종 모양을 닮았다고 해서 벨 보텀이라고 부르기도 하고, 밑단이 퍼지는 것에 초점을 두어 플레어 레그라고도 부른다. 무릎 아래 폭이 넓어 부츠 밖으로 지연스럽게 입을 수 있다는 의미에서 부츠 컷이라고도 한다.

벨 보텀

배기 팬츠

배기 팬츠는 넉넉하고 폭이 넓은 바지인데, 1920년대 영국 옥스퍼드 대학 남학생들이 자루bag처럼 넓은 통의 바지를 입어 옥스퍼드 백스oxford bags라는 말이 생긴 데서 유래했다. 이후 다양한 스타일로 전개되다가 2000년대에는 여성 패션에서 크게 유행하기 시작했다. 특히 밑위가 길고 엉덩이나 허벅지 부분은 넉넉하다가 무릎부터 좁아지는 스타일의 배기 팬츠는 팽이처럼 보인다고 하여 페그톱 팬츠라고 부른다.

하렘 팬츠는 넉넉한 통을 발목 부분에서 끈으로 묶는 여성용 바지다. 스님들이 입는 바지를 연상하면 된다. 하렘은 이슬람 여성들이나 그녀들이 생활하는 장소를 의미하는 말이다. 1910년 거추장스럽고 전형적인 여성 패션을 자유롭고 다양하게 변형해나가던 패션 디자이너 폴 푸아레에 의해 서구에 소개됐다. 배기 팬츠에 포함해 일컫기도 한다.

하렘팬츠

조드퍼즈는 승마용 바지로 말을 탈 때 편하게 앉을 수 있도록 힙과 허벅지 부분은 여유 있고 무릎 밑에서 발목까지는 꼭 끼는 형태다. 인도 북서부의 조드푸르 지역 왕족이 인도의 전통 바지를 승마복으로 개량하면서 이러한 스타일을 조드퍼즈라고 부르기 시작했다.

카고 팬츠는 군인이나 화물선cargo 승무원이 작업용으로 입던 팬츠로 넓은 주머니와 질긴 패브릭이 특징이다. 바지 양옆에 커다란 패치 포켓

조드퍼즈

카고 팬츠

이 달려 국내에서는 건빵 바지라고도 부른다. 카키색의 튼튼한 면직물로 군복이나 작업복에 사용되는 패브릭인 치노를 사용해서 치노 팬츠로도 불린다.

바지 형태가 비슷해도 이미지에 따라 특정한 이름이 붙는 경우도 있다. 예를 들면 힙합 음악을 즐기는 사람들이 통이 넉넉한 바지를 속옷이 보일 만큼 내려 입는 경우 힙합 팬츠라고 부르는 식이다. 통이 넉넉한 바지를 지칭하는 용어는 다양하지만 힙합 팬츠라고 하면 반항적인 이미지를 연상하게 되는 것이다. 새로운 이미지를 주기 위해 기존의 용어를 바꾸는 경우도 있다. 슬림핏 팬츠를 지칭하는 시가렛 팬츠, 펜슬 팬츠, 드레인파이프 팬츠 등은 모두 다리에 딱 달라붙는 타이트한 바지를 말한다. 그러나 2000년대 이후 유행의 흐름에 맞게 스키니 팬츠라는 새 용어로 불리면서 좀 더 트렌디한 느낌을 강조할 수 있었다.

상의와 하의가 붙은 원피스 형태의 바지는 국내에서 아주 대중적인 아이템은 아니다. 가랑이부터 다리까지의 길이가 극명하게 구분되어 신장이나 신체 비율이 쉽게 드러나기 때문이다. 이러한 원피스 형태의 바지를 통칭해서 오버롤이라 하는데, 일반적으로 멜빵바지라 하는 소매가 없고 서스펜더가 달린 스타일을 많이 가리킨다. 국내에서는 아동 패션에서 주로 선보이고 있다.

점프 슈트는 말 그대로 낙하산을 타고 점프할 때 입는 항공복의 일종이었다. 60년대 이후 여성복에 도입되어 대중화되었다. 몸 전체를 덮는다

오버롤   점프 슈트

롬퍼스

는 점에서 커버롤과 같지만 패션에서는 점프 슈트라는 용어를 더 선호한다. 커버롤의 경우 주로 작업복을 지칭할 때 사용되기 때문이다. 그래서 긴 소매가 달린 오버롤 형태의 패셔너블한 옷을 찾고 싶다면 점프 슈트로 검색하는 것이 좋다. 점프 슈트에서 소매와 바지 길이가 짧은 스타일을 롬퍼 슈트 또는 롬퍼스라고 부른다. 주로 여성복에서 볼 수 있으며, 위아래가 붙어 우주복처럼 보이는 유아들의 옷도 롬퍼스라고 한다.

바디 슈트는 상하의가 붙은 전신 수영복이나 브래지어와 거들이 하나로 이어져 있는 속옷 형태를 지칭한다. 하지만 최근에는 섹시한 팝 가수들이 과감한 무대 의상으로 바디 슈트를 선택하는 경우도 있다. 비욘세는 싱글 레이디 뮤직비디오에서 탄탄한 허벅지를 강조하는 바디 슈트를 입어 건강하고 섹시한 매력을 돋보이게 했다.

시스루
비침의 역설

여성이 맨다리일 때보다 살짝 비치는 스타킹을 신었을 때 더 에로틱한 느낌을 주는 이유는 무엇일까? '비침'이 더 많은 코드를 내포하고 있기 때문이다. 과거부터 여성에게 요구되는 미덕은 이중적이고 모순적이었다. 정숙하면서도 남성의 마음을 흔드는 매력이 있어야 한다는 것이다. 따라서 여성은 '은폐를 드러내는' 역설적인 방식으로 정숙함과 요염함을 동시에 표현할 수 있었다.

시스루 룩은 여성의 베일과 같다. 신부의 얼굴을 덮은 하얀 베일이나 무희들의 베일은 드러내지 않으면서 드러내고 있는 역설이다. 이 역설이 시스루 룩의 여인을 더욱 미스터리하고 에로틱한 존재로 만든다. 줄리오 로마노의 그림 속 여인이 완전한 누드로 등장했다면 얇은 천으로 몸을 감싸면서 풍기는 묘한 매력을 보여줄 수 없었을 것이다.

신비롭고 매혹적인 느낌의 시스루 룩은 과거부터 여성의 패션에 자주 등장했다. 특히 몸을 조이는 코르셋과 페티코트에서 벗어나면서 여성들은 매력을 부각시키기 위해 시스루 룩을 선보이기 시작했다. 제1차 세계대전이 일어나기 전까지 시스루 룩은 점점 과감해져서, 1913년 8월 22일자 〈뉴욕타임스〉에는 LA경찰이 속이 훤히 비치는 소위 '엑스레이 드레스'를 거리에 입고 나오는 것을 금지한다는 기사가 나기도 했다. 현

〈알렉산드라 부인의 옷Donna alla toeletta〉, 줄리오 로마노, 1520

대 패션에서 시스루 룩이 조명받기 시작한 것은 1960년대다. 니트웨어로 유명한 브랜드 미쏘니는 여성 모델들에게 속옷을 입히지 않고 워킹을 시켰는데, 밝은 조명 아래서 니트 사이로 비치는 모델들의 몸은 섹시한 매력을 뿜냈다. 시스루 룩은 대중패션에도 들어와, 속이 비치는 얇은 천이나 레이스 천으로 만든 시스루 룩이 젊은 여성들을 중심으로 유행하기 시작했다.

일반적으로 시스루 룩에 사용되는 천은 얇고 성글기 때문에 내구성이 약하다. 그래서 캐주얼한 스타일보다는 고급스러움이 강조되는 드레시한 스타일에 주로 사용된다. 특히 시스루 룩 드레스는 몸을 가리면서도 살이 비치는 효과로 엘레강스하면서도 섹시한 느낌을 주기 때문에 레드카펫의 여배우들이 선호하는 스타일이다. 신인 여배우들은 좀 더 과감하게 가슴이나 음부는 문양이나 자수를 넣어 가리고 나머지 부분은 피부 컬러가 그대로 비치는 얇은 망사로 만든 드레스를 선택해 짧은 순간에 자신의 매력을 드러내기도 한다.

시스루 룩은 스타일링에 따라 다른 느낌을 주는데, 섬세하게 수놓은 자수의 시스루 룩은 고급스러운 느낌을 강조하고 은은한 컬러의 투명한 천으로 된 시스루 룩은 세련되고 매혹적인 느낌을 준다. 또한 성근 메시 소재로 과감하게 자신을 드러내는 시스루 룩은 독특하고 마이너한 분위기를 만들어내고, 비닐과 같은 PVC 소재의 시스루 룩은 미래를 연상시키는 이미지를 주면서 색다른 분위기를 연출한다.

일반적으로 시스루 룩은 남성 패션에서는 선호되지 않는다. 가리는 듯 보여주는 역설이 남성성과는 어울리지 않기 때문이다. 주로 영화나 드라마 속 호모섹슈얼을 나타내는 코드로 사용되기도 한다. 똑같이 몸에 달라붙는 얇은 티셔츠라도 안이 비치지 않는 티셔츠와 피부색이 드러나는 시스루 룩은 상반된 이미지를 만든다. 전자가 몸의 체형을 당당히 드러내는 자신감과 과시를 내포한다면 후자는 남성성이 결여된 듯한 이미지를 조성하기 때문이다.

카디건
귀족들의 패션

현대인의 대표 간편식인 샌드위치가 18세기 영국 샌드위치 지역의 한 백작이 카드 게임을 할 때 손에 들고 먹던 음식에서 유래했다는 것은 잘 알려진 사실이다. 계층이 존재하던 시기에 상위계층에 대한 하위계층의 모방은 두드러진다. 백작이나 공작들의 행위는 취향에 대한 믿음이자 변명이었다. 패션에도 이러한 배경을 가진 아이템들이 있다.

노퍽 재킷은 19세기 말 영국 노퍽지역 공작의 사냥복에서 유래한 것으로 등 부분에 겹주름을 만들어 움직임이 편하도록 디자인한 싱글 브레스트 재킷이다. 일반적으로 엉덩이를 덮는 정도의 길이이고 이보다 긴 것은 노퍽 코트라 부른다. 길이와 형태는 사파리 재킷과 비슷하지만 가슴 부분에 주머니가 달리고 모직물 같은 두꺼운 직물로 제작된다.

일명 회장님 코트라 불리는 체스터필드 코트는 허리에 벨트를 매지 않고 직선으로 길게 떨어지는 형태다. 이 또한 19세기 체스터필드 백작이 입었던 코트에서 유래했다. 옷을 잘 입기로 유명했던 그의 패션을 많은 사람이 따라 했다고 한다. 특히 프랑스혁명 때 처형당한 사람들을 애도하는 뜻에서 칼라의 뒷부분은 검은색 벨벳으로 만들었는데, 이것이 현재는 고급스러움이 강조되는 클래식한 디테일로 사용된다.

노퍽 공작(왼쪽)과 체스터필드 백작

패션에 특별히 관심 있지 않은 사람들도 하나쯤 소장하고 있을 대중적 아이템인 카디건도 영국의 백작에서 유래했다. 영국 카디건 가문의 7대 백작인 토마스 부룬델은 크림전쟁 당시 추운 날씨에 병사들이 부상당했을 때 따뜻하고 편안하면서도 쉽게 입고 벗을 수 있는 옷을 고안했는데, 칼라가 달리지 않고 단추로 여미는 V네크라인의 니트 옷이었다. 패션 디자이너로서의 자질은 있었지만 리더로서의 자질은 없었는지, 병사들보다는 백작 혼자 따뜻하게 입었다고 한다. 백작의 이름이 붙은 이 옷은 국내에서는 일본식 발음인 가디건으로 부르는 경우가 많다.

모자와 신발
끝에서 끝까지

멋을 냈다는 느낌은 기본적인 것에 부가적으로 무언가를 더할 때 강조
된다. 비슷한 옷을 입고 있더라도 선글라스나 챙이 넓은 모자를 착용하
면 꾸몄다는 인상을 주는 것이다. 적절한 액세서리의 활용은 자신의 패
션 스타일링을 강조하고 싶을 때 효과적이다.

모자는 머리에 쓰는 아이템인 만큼 전반적인 인상에 큰 역할을 한다. 일
반적으로 모자는 캡cap과 해트hat로 구분된다. 두상을 덮는 부분을 크라
운, 앞이나 옆으로 펼쳐져 그늘을 드리우는 부분을 브림brim 또는 챙이
라고 하는데 브림이 앞에만 있으면 캡이고 전체에 둘러져 있으면 해트
다. 따라서 흔히 야구모자로 일컫는 스타일은 캡이다. 뒷부분의 스냅으
로 사이즈를 조절하기 때문에 스냅백이라고도 한다. 스냅백은 힙합 스
타일이 유행하면서 젊은이들 사이에 큰 인기를 끌었다. 이와 함께 근래
유행한 스타일로 브림이 넓어서 펄럭거린다는 단어를 붙인 플로피 해트

햇 hat   캡 cap

크라운
crown

브림
brim

가 있는데, 레트로 느낌으로 빈티지한 패션과 함께 스타일링된다.

브림과 크라운의 형태에 따라 모자는 다양한 스타일로 변형된다. 평평한 크라운과 뻣뻣한 챙으로 된 밀짚모자는 보터라고 하는데, 선원들이 보트를 탈 때 썼다고 해서 이름이 붙었다. 신사들의 모자였던 페도라는 현대에 와서 힙스터들의 필수품이 되었다. 희곡 〈페도라〉에서 여자 주인공이 쓴 모자가 유행하면서 이름 붙은 것으로, 크라운 밑에 리본으로 테를 두르는 것이 일반적이다. 또 크라운 밑에 테가 둘러져 있으면서 넓은 챙의 양옆이 위로 살짝 말린 스타일을 카우보이 모자라고 한다.

귀를 따뜻하게 해주는 덮개가 달린 일명 군밤장수 모자는 사냥꾼들이 주로 써서 트래퍼 해트라고 불렀다. 앞뒤에 챙이 있고 귀를 길게 덮는 부분은 머리 위로 묶는 경우가 많다. 셜록 홈스가 주로 쓰는 모자가 트래퍼 해트다. 브림이 없는 경우도 있는데, 니트로 짜여 머리를 감싸는 비니나 약통같이 생겨서 필박스라고 한다. 필박스는 60년대 케네디 대통령의 영부인인 재클린 케네디가 자주 착용하면서 전 세계적으로 크게 유행하기도 했다. 베레모도 브림이 없는 모자인데 주로 울 같은 부드러운 재질로 만든다. 사과 꼭지처럼 꼭대기에 짧은 끈이 달려 있고 분위기에 따라 예술가나 육군이 연상되는 모자다. 베레모에 브림이 달린 스타일은 신문을 팔던 소년들이 주로 썼다고 해서 뉴스보이 캡이라고 한다. 크라운 부분이 없는 경우도 있는데, 햇빛을 가리도록 챙 부분만 있는 이른바 썬캡을 패션 용어로는 썬 바이저 혹은 줄여서 바이저라고 부른다.

애티튜드의 가이드, 슈즈

격식을 차린 신사복이나 섹시한 드레스를 입고 운동화를 신는다면 공들여 꾸민 패션이 한순간에 무너져버릴 것이다. 슈즈는 스타일링을 통한 이미지뿐 아니라 착용자의 활동까지 예상하게 한다. 격식을 차렸다는 것은 허리를 쭉 펴고 또각또각 소리를 내며 신중하게 걷는 행동까지 포함하는 것이다. 슈즈는 몸을 긴장하게 해서 엄숙한 아우라를 만들 수도 있고 발랄한 걸음을 통해 산뜻한 에너지를 이끌어낼 수도 있다.

슈즈는 굽과 앞코 등의 모양에 따라 다양한 이름이 붙는다. 2000년대에는 세련된 이미지가 둔탁하기보다 뾰족한 것으로 인식되어 엣지edge있다는 단어가 종종 쓰였는데, 이러한 분위기에서 뒷굽이 가늘고 높은 하이힐이 유행했고 이를 킬힐이라 불렀다. 특히 미국 드라마 시리즈 〈섹스 앤 더 시티〉에서 주인공들이 슈즈홀릭 캐릭터로 등장하면서 마놀로 블라닉이나 크리스찬 루부탱 등 슈즈 브랜드의 화려한 킬힐을 선보이며 유행을 이끌었다. 킬힐은 이전엔 주로 스틸레토 힐이라고 불렀다. 앞과 뒷굽이 모두 높은 플랫폼 슈즈는 70년대 남녀 모두에게 크게 인기를 끌었으나 샤프하고 간결한 이미지를 선호하는 2000년대 들어오면서 인기가 사그라들었다. 뒷굽이 따로 구분되지 않고 밑창이 하나로 연결된 스타일은 웨지힐이라고 하는데, 국내서는 흔히 통굽으로 불린다.

미니멀한 패션 스타일이 유행할 때는 슈즈도 굽이 낮은 형태가 인기를 끈다. 플랫슈즈는 60년대 미니스커트가 여성들을 지배하던 시절 함께 인기를 끌었고 2000년대 이후에도 레깅스와 함께 보편적으로 선호되고 있다. 펌프스와 로퍼는 둘 다 버클이나 끈 없이 간편하게 신을 수 있는 구두를 말하는데, 뒷굽이 있고 발등이 파인 여성용 구두는 펌프스, 남녀 모두를 위해 간편하고 굽이 낮게 디자인되는 것은 로퍼다.

모카신은 인디언들이 사슴가죽으로 만든 신발에서 유래한 것으로 로퍼처럼 굽이 낮은 스타일을 의미한다. 선원들이 갑판에서 미끄러지지 않도록 신발에 고무밑창을 댄 것에서 유래한 보트슈즈나 모카신, 로퍼는 모두 굽이 낮은 스타일들로 현재는 재질이 다양해지고 디자인이 조금씩 변형되면서 아주 명확히 구분되지는 않는다. 다만 부드러운 재질에 밑창이 얇고 가벼운 스타일은 모카신, 이와 형태는 비슷하지만 질긴 가죽에 테슬이나 금속장식이 있고 낮은 뒷굽이 따로 있으면 로퍼, 가죽이나 질긴 캔버스 소재에 캐주얼한 느낌이 더해지면 보트슈즈로 불리는 경향이 있다.

밑창에 굽이 아니라 고무가 달린 슈즈는 운동화, 스니커즈, 슬립온 또는 캔버스 슈즈 등으로 불린다. 활동성에 중점을 둔 경우 운동화라 부르며, 밑창이 고무인 것에 초점을 맞춘 캐주얼 스타일 슈즈는 스니커즈라 부른다. 슬립온은 끈이나 지퍼가 달리지 않아 쉽게 신고 벗을 수 있는 형태를 칭한다. 스니커즈나 슬립온은 종종 캔버스 천으로 만들어지는데 이때 재질에 초점을 맞추면 캔버스 슈즈로 불린다.

가볍고 시원해서 여름 시즌에 애용되는
에스파드리유는 에드워드 8세인 윈저공
이 유행시킨 슈즈이다. 로프를 꼬아 만
든 밑창이 가벼우면서도 발바닥을 보호
해줘 프랑스 농부들이 주로 신던 것을
윈저공이 신기 시작하자 스페인의 상인
이 상류층을 상대로 판매하기 시작했다.
이러한 역사적 배경 때문에 다소 투박한
형태에 비해 고급스러운 이미지를 가지
게 되었다. 샤넬이나 프라다 등 럭셔리
브랜드들이 여름 시즌을 겨냥해 내놓는
인기 아이템 중 하나다.

패션 스타일링은 음식과 비슷하다.
내게 맞는 게 무엇인지 고민할 때
한두 가지로 정답을 말할 수는 없어도
효과적인 것은 분명히 있다.
잘 맞는 음식을 먹어야 활력이 생기듯
잘 맞는 옷을 입어야 가장 돋보인다.

패션은
궁합이다

STEP 07

어렸을 때 언니가 부모님께 먹을 것을 사달라고 할 때 '무엇인가 먹고 싶다면 몸이 그것을 필요로 한다는 것'이라며 당당하게 요구했던 기억이 있다. 사실 여부는 알 수 없지만 뭔가 그럴듯한 말이었다. 언니의 논리를 패션에 대입해보면, 옷을 사고 싶다는 것은 '시선의 대상으로서의 나'에게 옷이 필요하다는 뜻이다. 타인에게 더 멋진 나를 보여주고 싶을 때, 연애 상대에게 잘 보이고 싶을 때, 회사 동료들에게 꿀리지 않는 모습을 보여주고 싶을 때 평소보다 패션 상품을 더 구매하고 싶은 것이다.

꼭 특정한 옷이 필요하다기보다 '특정하게 보였으면 좋겠다'는 요구이므로 패션 아이템을 가지고 자신을 어떻게 효과적으로 드러내느냐가 중요하다. 예를 들어 '더 성숙하게' 또는 '더 여성스럽게'와 같은 방향성이 있기 때문에 특정 아이템만 가지고는 부족하다. 그 아이템을 어떠한 방법을 통해 선보이느냐에 따라 성공적인 스타일링과 그렇지 않은 스타일링이 결정된다.

패션 스타일링에 정석은 없다. 시대의 흐름이나 착용자의 개성에 따라 같은 스타일링도 다른 느낌을 줄 수 있다. 어려 보이고 싶어서 추구한 스타일링이 매우 어색해 보일 수도 있고, 몸에 딱 맞는 코트가 세련돼 보였던 과거와 달리 지금은 자신의 체형보다 큰 오버 사이즈 코트가 트렌디한 느낌을 준다.

정답은 없다. 다만 거울 속 자신의 모습을 타자를 대하듯 관찰하며 매력에 어울리는 패션을 생각해보는 것이 기본적이고 효과적인 방법이다. 다른 사람들이 거울 속의 저 모습을 보고 어떤 생각을 할지 상상해보고 이렇게 생각했으면 좋겠다고 의도하며 거울을 보면 보다 적극적으로 '나'를 마주하게 된다.

자신에게 가장 객관적일 때는 애정이 넘치지도 부족하지도 않을 때다. 다른 사람들을 고려하지 않은 무조건적인 자기만족이나 끊임없이 남들과 자신을 비교해 불만이 가득한 상태로는 객관적인 평가가 어렵다. 자신을 객관적으로 보려는 노력은 자신을 잘 알게 되는 계기가 되며 결과적으로 자신에 대한 애정으로 이어진다.

나에게 어울리는 패션 스타일링은 나에게 맞는 음식과도 같다. 한두 가지로 정답을 말할 수는 없지만, 효과적인 것은 있다. 또 효과적인 것이 꼭 마음에 들지 않을 수도 있다. 전문가의 진맥을 통해 적합한 것을 찾을 수도 있지만 특별한 경우를 제외하고는 시간과 관심을 기울인다면 어떤 것이 나에게 도움을 주는지 찾을 수 있다. 잘 맞는 음식을 먹었을 때 몸에 활력이 생기듯 잘 맞는 옷을 입어야 가장 돋보인다.

색
패션의 강력한 기초

레드

사람의 감정을 가장 동요하게 하는 컬러는 레드이다. 레드는 끌어당기는 힘이 있기 때문에 유혹할 때 효과적이며 그래서 영화 속 섹시한 여성 캐릭터의 의상 컬러로 가장 많이 선택된다. 영화 〈타짜〉에서 도박판으로 사람들을 끌어들이는 설계자로 나오는 정마담(김혜수 분)은 몸의 윤곽선을 드러내는 소재의 타이트한 레드 원피스를 입고 사람들을 현혹한다. 섹시한 레드 원피스는 퍼fur와 조화되어 돈을 좇아 판을 짜고 상황을 지휘하는 그녀의 강하고 섹시한 모습을 강조한다.

레드는 영화 속 여성 스파이들의 패션 컬러로 가장 많이 사용된다. 스파이의 능력은 상대에게 매력적으로 보임으로써 상대가 긴장을 늦추게 하는 데 있기 때문이다. 로비스트도 마찬가지다. 그들은 자신의 매력으로 상대의 방어를 낮추는 것이지, 동질감이나 전문성 같은 믿음으로 일을 성사시키는 것이 아니다. 전형적인 남성적 세계인 무기시장의 로비스트들이 아름답고 젊은 여성인 것은 이러한 이유에서다. 영화 〈미션 임파서블 1〉에서 한 여성이 정보를 빼내기 위해 CIA에 위장 침입하는데 그때 위장복으로 입은 슈트의 컬러가 레드이다. 들키지 않도록 노력하는 것이 아니라 상대가 경계심을 풀 만큼 매력적으로 보이고자 하는 것이다. 타깃이 된 CIA의 조직원은 이 낯선 '레드의 여인'이 자신의 옆에 딱 붙어 앉았다 떠나자 수상함을 느끼는 것이 아니라 못내 아쉬워한다.

패션에는 역사적으로 사용된 방법에 따라 특별한 코드를 갖게 된 아이템들이 있다. 특히 자신의 원초적 욕망을 드러내는 것에 제한이 있던 시대의 여성들은 이런 아이템을 통해 은밀한 의미를 전달하기도 했다. 시간이 지나면서 그 자체의 의미는 점차 희석되지만 다른 코드와의 스타일링을 통해 다시 강조되기도 한다. 예를 들어 로코코 시대 여성들은 얼굴에 점을 찍어 하얀 피부를 강조했고 이를 뷰티 스폿beauty spot이라 불렀다. 점을 찍는 위치에 따라 아름다움의 의미가 달랐는데 특히 입 주변에 찍은 점은 섹시한 여인임을 드러내기 위한 것이었다. 입 주변의 점은 타인의 시선을 '붉은' 입술에 머물게 하기 때문이다. 영화배우 마릴린 먼로나 슈퍼모델 신디 크로포드가 입 주변에 점을 찍거나 부각하는 것이 현대의 사례다. 그 자체로 에로틱한 부위인 입술에, 거부할 수 없는 에너지를 가진 레드 컬러를 칠하고 그쪽에 시선을 집중시키도록 점을 찍는 것, 이보다 강력한 섹시코드는 흔치 않다.

이토록 강력한 레드는 그만큼 위험하기도 하다. TPO(time, place, occasion)에 적합하지 않을 때는 그만큼 강한 반감을 불러일으킬 수 있다. 안데르센 동화 〈빨간 구두〉에서 빨간 구두는 유혹의 상징으로, 유혹에 못 이긴 여성은 영원히 춤을 멈출 수 없는 저주에 빠진다. 하지만 이때, 빨간 구두 자

체에 저주의 화살을 돌려선 안 된다. 아름다운 빨간 구두에 눈길을 주지 않을 여자가 있겠는가. 빨간 구두의 유혹에 빠진 것이 문제가 아니라 그걸 양모의 장례식 날에 신은 것이 문제였다.

블랙

레드와 함께 강한 느낌을 대표하는 색상이 블랙이다. 레드가 에너지를 외부로 분출하는 것과 달리, 모든 색을 섞었을 때 나오는 블랙은 에너지를 내부로 빨아들인다.

서로 다른 종류의 힘이기 때문에 우위는 정할 수 없다. 그래서 강력한 힘을 가진 한쪽의 캐릭터가 레드라면 이에 대응할 수 있는 것은 블랙뿐이다. 특히 레드와 블랙이 질기고 강한 재질인 가죽과 만나면 팽팽한 힘의 대결이 강조된다. 영화 〈터미네이터 3〉에서 미래의 사이보그 두 명이 그들의 과거인 현재로 와서 싸움을 벌인다. 블랙 가죽을 입은 남성 사이보그와 레드 가죽을 입은 여성 사이보그는 가장 치명적인 힘의 대립을 보여주는 시각적 조합이다.

특히 블랙은 미니멀리즘을 표현하는 대표적인 컬러로 세련됨을 나타내는 데 가장 적합한 컬러다. 샤넬의 리틀 블랙 드레스가 오랜 시간 동안 클래식함과 트렌디함을 함께 풍기는 가장 큰 이유는 블랙이라는 컬러 때문이다. 무채색으로만 이루어진 흑백사진이 감정을 절제해 세련된 이미지를 형성하는 것과 유사하다. 또 블랙은 다른 컬러에 비해 그림자가 부각되지 않아 간결하며 정돈된 느낌을 주기 때문에 내부적 능력 즉, 기능성을 나타내는 데 가장 적합하다. 그래서 전자기기에 가장 많이 사용되어온 것이다.

또한 블랙은 기본적으로 딱 떨어지는 슈트 컬러의 전형이다. 냉정하고 위엄 있게 격식을 표현하는 블랙 슈트는 조직사회 속 남성의 대표적 이미지로 권력과 매너를 보여준다. 블랙은 스타일링에 따라 완전히 다른 느낌을 줄 수 있는데, 드러내지 않는 것이 여성의 미덕으로 인식되던 가부장제 사회에서는 블랙 슈트가 정조와 예의, 고상함으로 생각되었다. 하지만 이 블랙 슈트가 몸에 밀착되면 실루엣을 뚜렷이 드러내게 되어 섹시한 인상을 준다.

블랙은 미스터리를 나타내는 컬러이기도 하다. 검은 고양이에 대한 미신은 다양한 문화권에서 찾아볼 수 있고 이는 수많은 추리소설에서 소재로 사용된다. 중세풍의 종교적 색채를 지니면서 어둠을 추구하는 하위문화인 고스goth도 블랙을 추종한다.

국내에서 인기리에 방영되었던 시트콤 〈안녕, 프란체스카〉는 중세에서 온 뱀파이어 가족이 한국

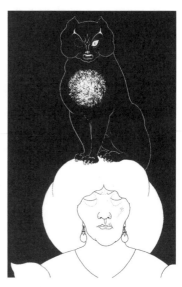

〈검은 고양이|The Black Cat〉,
오브리 비어즐리, 1894-1895

에 적응해가는 이야기다. 이 가족의 패션이 완전한 블랙이기 때문에 시청자는 스토리에 대한 설명 없이 중간부터 봐도 그들의 미스터리한 정체성을 눈치 챌 수 있다. 영화 〈배트맨 2〉에서 평범하고 소심한 여비서가 사장에게 죽음을 당하고 캣우먼으로 다시 태어나는 장면에서도 블랙의 힘이 발휘된다. 고양이들이 기를 불어넣어 캣우먼이 된 그녀는 옷장을 뒤져 가죽옷들을 잘라 타이트한 보디슈트를 만들어 입는다. 신비하면서 강력한 캣우먼에게 블랙 이외의 색은 상상할 수 없다.

블랙은 패션 디자이너들이 특히 사랑하는 컬러다. 국내 패션 브랜드 오브제의 강진영은 모든 것을 흡수한 컬러로 무궁무진한 가능성이 있기 때문에 블랙을 가장 좋아한다고 말한 바 있다. 이탈리아의 디자이너 조르지오 아르마니는 패션쇼의 피날레 의상으로 블랙을 고수했다. 화려한 패션을 선보인 후 이를 창조한 디자이너로서 마지막에 모습을 드러낼 때 그의 컬러는 항상 블랙이었다. 스타일링에 따라 섹시할 수도, 로맨틱할 수 있으며, 엄숙함도 주는 블랙이야말로 다양한 컬러를 다루는 디자이너에게 중립의 컬러이자 가장 강력한 컬러다.

화이트

화이트는 웨딩드레스나 디즈니 캐릭터 백설공주의 이름에서 알 수 있듯 순수와 깨끗함의 상징이다. 또한 영혼의 컬러로도 인식되어, 상복(喪服)은 많은 문화권에서 흰색이며 장례식장에 백합이나 흰색 카네이션을 놓는 것도 일반적이다. 검은색이 죽음에 대한 예의를 표한다면, 흰색은 죽음을 맞이하는 컬러라고 할 수 있다.

초월의 색이기도 하다. 자연에서는 화이
트 컬러를 쉽게 볼 수 없다. 고대에 하얀
색 동물을 경외의 대상으로 받들거나 유
니콘을 비롯한 전설 속 동물이 흰색인 경
우를 떠올려보면 알 수 있다. 소설 작품
에서 초월적 자연을 상징하는 동물들도
화이트이다. 허먼 멜빌의 소설 제목인
《모비딕》은 선원들을 모조리 죽게 만드
는 커다란 백경(白鯨)의 이름이다. 화이트

허먼 멜빌, 《모비딕》

에 대한 이 같은 경외감 때문에 끔찍한 사건이 발생하는 경우도 있는데,
선천적으로 멜라닌 색소가 부족한 알비노 환자들에 대한 미신이 그 사례
다. 탄자니아에서는 알비노의 신체 일부를 가지고 있으면 부와 명예가
찾아온다고 믿는 이들이 알비노 환자들을 해치는 일이 일어나고 있다.

〈위엄의 하얀색 코끼리 A royal white elephant〉,
태국, 19세기 후반

화이트는 레드와 결합할 때 일정한 효과를 준다. 캐나다, 스위스, 터키, 인도네시아, 일본 등 많은 나라의 국기가 화이트와 레드의 조합이다. 화이트가 평등이나 화해, 단결과 같은 정적인 긍정이라면 레드는 열정적인 움직임과 같은 동적인 긍정이다. 국기는 평온과 동시에 나아감을 나타내야 하기 때문에 화이트와 레드의 조화가 선호되는 것이다.

하지만 명도가 가장 높은 색으로 빛을 독점하다 보니 어울림이 떨어질 때도 있다. 신부의 들러리가 아니라면 자신의 빛을 모두 빼앗기는 것을 바라지는 않을 것이다. 지나치게 강조된 화이트는 주변과 어울리지 못해 사회성이 결여된 느낌을 주기도 한다. 앙드레김이 주로 착용했던 화이트가 강조된 의상은 독보적인 패션디자이너의 아우라를 만들었지만 다가가기 힘든 인상을 주기도 했다.

화이트는 블랙과 함께 가장 미니멀한 컬러다. 화이트는 메꾸어 칠했다기보다 채워지지 않은 빈 공간으로 느껴진다. 블랙이 단일(單一)로 만들어진 미니멀을 의미한다면 화이트는 배제를 통한 무(無)로 나타낸 미니멀이다.

블루

선호하는 컬러로 블루를 선택하는 비율은 남녀가 비슷하다. 하늘과 바다 같은 넓은 자연의 배경인 블루는 또 다른 자연의 색이자 중립적 컬러인 그린과 함께 대중적이다. 그래서 이 두 컬러는 은행이나

정당들의 로고 컬러로 많이 사용됐다. 안정을 우선적으로 추구하던 시기에는 은행들이 그린 계통을 주로 사용했는데, 금융권이 경쟁시대로 들어서면서 그린보다 더 활동성 있고 신선한 컬러인 블루로 로고가 바뀌기 시작했다.

블루는 차갑고 냉정한 컬러이기도 해서 현실을 뛰어넘는 이미지를 만들 때 효과적이다. 인간의 아름다움을 넘어 완벽한 미의 조건을 형상화하는 그리스 여신을 연상케 하는 패션 스타일링을 한다고 생각해보자. 잡티 없는 하얀 피부에

몸의 곡선을 따라 자연스럽게 흐르는 레이어드 스타일의 롱 드레스 컬러로 블루만큼 적합한 컬러는 없다. 그래서 블루 드레스는 현실이 아닌 환상의 세계를 나타내는 경우가 많다. 이상한 나라로 간 앨리스나 신데렐라의 신기루로 만든 드레스가 블루 컬러인 것을 떠올려볼 수 있다.

블루의 또 다른 정서는 온도가 느껴지지 않는 차가움에서 연상되는 우울함이다. 영화에서 외롭고 쓸쓸한 분위기를 조성할 때 조명팀은 화면이 전체적으로 푸른빛을 띠게 만든다. 이렇듯 블루는 우울함과 신선함의 느낌을 모두 가지고 있는데, 상황과 정도에 따라 컬러가 발현하는 이미지가 달라진다. 예를 들어 외롭고 무기력한 사람들에게는 블루가 우울함을 나타내지만 열정적인 사람들에게는 신선함이고 젊음이 된다. 대

학생들의 열정이 담긴 영화 〈21〉에서 사용되는 푸른빛이 그렇다. 영특하고 도전적인 그들을 가장 잘 표현하는 것은 블루 컬러로, 청바지를 비롯해 상의나 액세서리에도 파란색 톤을 자주 사용하면서 스무 살을 갓 넘긴 젊은이들의 생생한 분위기를 전달한다.

다만 이 신선함이 미숙함으로 연결되면 부정적으로 발휘될 수 있다. 능숙하지 못하며 아직 완성되지 않은 미흡함과 연관되기 때문이다. 과거에 파란색 트레이닝복이나 교련복은 '추리닝'으로 불리며 남들 눈을 의식하지 않고 집에서 편안하게 입는 옷의 대명사였다. 누구나 하나쯤 가지고 있으면서 외출할 때 입고 나가기는 꺼려지는 아이템이었다. 2000년대 들어 아디다스 등 스포츠 의류 브랜드들이 스타일리시한 트레이닝복을 선보이며 트렌디한 이미지를 표현하기 전까지는, 이렇다 할 직업도 없고 프로페셔널하지 못한 젊은이들의 표상이 바로 '파란색 추리닝'이었던 것이다. 1980년대 불량학생들을 그린 영화 〈품행제로〉에는 껄렁한 학생 중필(류승범 분)이 나온다. 중필의 파란색 추리닝은 중필이라는 캐릭터 그 자체다.

하지만 이 파란색 추리닝이 노련함과 만나면 전혀 달라진다. 쿠바의 정치 혁명가인 피델 카스트로는 노년에 군복을 벗고 트레이닝복을 주로 입었다. 나이키가 아닌 아디다스를 고집하는 것이 미국에 대한 반항의 표출이냐는 우스개 질문도 있었지만 그는 편안함을 주된 이유로 들며 공식석상에서도 이를 고집했다. 블루 컬러의 트레이닝복은 적지 않은 나이에도 여전히 역동적인 카스트로의 이미지를 만들었다. 그 누구도 감히 그에게 공적인 자리에 어울리지 않는 패션이니 바꾸라고 요구하지 않았다. 그의 강력한 아우라 때문이기도 했지만, 노령으로 인한 단점이 희석될 수 있는 효과적인 패션 아이템이었기 때문이다.

파란색 트레이닝복을 입은 피델 카스트로

원색의 블루는 차가운 느낌을 주어 겨울코트의 컬러로는 자주 사용되지 않는다. 하지만 두툼한 재질감이 강조되거나 블루의 차가움에 무게를 싣는 블랙과 조화되면 일반적이지 않으면서도 감각적인 겨울 스타일링이 될 수 있다.

옐로

파란색이 차가운 빛의 색이라면 노란색은 따뜻한 빛의 색이다. 초등학교 미술시간에 대부분의 학생들은 해를 노란색으로 그린다. 스마일리 페이스의 노란색은 밝고 긍정적인 미소를 잘 나타내준다.

노란색의 밝은 이미지에 미성숙한 이미지가 더해지면 귀여운 느낌을 만든다. 2014년 가을 석촌호수에 띄워졌던 커다란 고무 오리 '러버덕'을 기억할

것이다. 네덜란드 아티스트 플로렌타인 호프만의 공공예술 프로젝트인 러버덕이 노란 오리가 아니라 하얀 오리였다면 남녀노소 불문하고 그렇게 큰 관심과 사랑을 받을 수 있었을까. 이 외에도 미니언즈, 피카추, 스폰지밥, 트위티, 보거스, 심슨, 빅버드 등 사랑스러운 만화 캐릭터에 가장 많이 사용되는 컬러 또한 노란색이다.

유치원생들의 옷이나 스쿨버스가 노란색인 것은 눈에 확 띄기 때문에 실질적인 안전에도 도움을 주지만 그들의 정체성을 가장 잘 드러내주기 때문이다. 노란색은 단단하거나 강한 색이 아니라 아직 여물지 않은, 주변의 보살핌을 불러일으키는 색이다. 장미는 컬러에 따라 꽃말이 다른데, 빨간 장미는 열정적인 사랑이고 하얀 장미는 순결함인 데 비해 노란 장미의 꽃말은 질투이다.

미성숙한 분위기가 어린아이에게 사용되면 귀여운 느낌과 연결되지만, 성인에게는 자연스럽지 않기 때문에 특이함과 연결된다. 철이 덜 든 어색한 이미지를 주기 때문이다. 그래서 성숙함을 드러내는 대표적인 아이템인 슈트에 노란색을 사용하면 우스꽝스럽게 보인다. 장난기 가득한 얼굴로 악당들을 가지고 노는 영화 〈마크스〉의 주인공 짐 캐리는 노란색 슈트를 통해 만화적 캐릭터를 완성했다.

일본의 만화캐릭터 피카추는 10만 볼트의 전기 공격이 가능한 강력한 캐릭터지만 진화를 거부한 채 살아간다. 성인이 되기를 거부하는 피카추가 대중의 엄청난 사랑을 받는 캐릭터가 되는 데 옐로 컬러는 필수였다.

이처럼 옐로는 권위를 세우고 방어하기보다 자신을 낮추는 컬러다. 트로트 가수들의 무대의상으로 흔히 보이는 옐로 컬러 슈트는 주된 관객 연령층인 중년 관객들에 대한 예의이면서 관객들이 엄숙하게 경청하기보다 흥이 나면 일어서서 덩실덩실 즐겨도 된다는 메시지이기도 하다.

그린

중성 컬러인 그린은 일반적으로 착용자를 매력적으로 보이게 하는 컬러는 아니다. 붉은 계통의 옷이 상대방을 흥분시켜 매혹할 수 있는 것과는 반대로 그린 컬러의 옷은 보는 이를 차분하게 만든다. 게다가 그린 컬러는 노란 피부나 검은 피부는 물론 흰 피부까지 모두 장점을 부각시키지 못한다. 그린은 파충류의 혈액 컬러로 유전자 이상을 보이는 캐릭터에 사용되기도 한다. 슈렉이나 헐크, 그린치, 플러버 등 유전자 이상으로 탄생한 캐릭터들은 모두 그린 컬러를 가졌다.

따라서 그린 계통은 옷 자체에 독특한 관심을 불러일으킬지는 몰라도 착용자를 매력적으로 보여주는 것과는 거리가 있어 패션에서 드레시한 옷의 컬러로 사용되는 경향은 적다. 고급 액세서리들에 블랙이나 레드 컬러를 눈에 띄게 사용하면 강렬한 매력이 강조되는 데 비해, 채도를 높인 녹색을 사용하면 고급스러운 느낌이 떨어질 수 있다.

하지만 자연을 연상시키며 어우러지는 경우 분위기에 따라 신비로운 매력을 주는 때가 있다. 예컨대 그린 컬러 드레스는 기본적으로 스타일링하기가 매우 어렵지만, 일반적이지 않기 때문에 재질과 피트감 등을 잘

고려하면 이국적인 느낌과 함께 깊은 인상을 남긴다. 영화 〈어톤먼트〉에서 키이라 나이틀리가 입은 그린 드레스는 등이 깊게 파이고 몸에 밀착되는 얇은 실크 재질이었는데, 그린 컬러가 실크의 광택을 받으면서 신비한 에메랄드 빛으로 화면을 가득 채웠다. 이 그린 드레스는 대중의 찬사를 받으며 영국 TV네트워크, 패션잡지 인스타일과 보그, 연예정보지 베니티페어, 시사주간지 타임 등이 공동으로 선정한 영화 속 가장 아름다운 의상으로 뽑혔다.

또는 그린이 카무플라쥬camouflage 패턴으로 사용되면 밀리터리의 이미지와 합쳐져 구체적인 개성이 표현되면서 세련된 느낌을 주기도 한다.

바이올렛

보라색 물감은 염료 중 가장 늦게 만들어졌고 만드는 방법이 어려워 희귀했다. 오묘하면서 우아한 느낌을 주기 때문에 동서양을 막론하고 왕족의 컬러였다. 왕족의 위엄과 고귀함을 유지하기 위해 평민은 사용하지 못하도록 금지하기도 했다. 비잔틴 벽화 〈유스티아누스 황제와 수행자들〉을 보면 흰 옷을 입은 수행자들 가운데 황제만 보라색 옷을 입은 것을 볼 수 있다. 보라색은 다른 염료와 달리 카로틴 성분 함량이 높아서 팔레트에 물감을 짜고 지울 때 유독 안 지워진다. 그래서 한때 미술

〈유스티아누스 황제와 수행자들〉, 비잔틴 벽화

대학에 다니는 학생들 사이에서 아름답게 자살하려면 보라색 물감을 왕창 먹으면 된다는 말이 떠돌던 시절이 있었다. 이 또한 보라색의 오묘한 이미지 때문에 나온 이야기일 것이다.

예나 지금이나 보라색은 어두우면서도 붉은빛과 푸른빛을 동시에 지니는 희소성 때문에 독특하고 우아한 컬러로 인식된다. 실크나 벨벳 같은 고급 직물의 특성을 가장 잘 표현해주는 컬러이자 한편으로는 독특한 이미지와 결합하면 마이너하고 특이한 이미지를 연출해주는 컬러다. 안나수이는 이러한 보라색의 마력을 효과적으로 사용한 패션디자이너로, 단순한 여성성을 넘어 우아하고 환상적이며 로맨틱한 분위기를 만들어냈다.

보라색은 컬러 테라피스트들이 가장 선호하는 컬러이기도 하다. 차분한 느낌으로 마음을 안정시키기 때문인데, 뭉크나 고흐처럼 정신적으로 불안을 겪었던 예술가들이 보라색을 작품에 많이 사용한 것도 이러한 이유로 알려져 있다. 또한 희귀성은 독특함과 연결되기도 해서 영화나 드라마 속 광기 있는 캐릭터의 패션으로 효과적이다. 영화 〈다크나이트〉의 악당 조커의 보라색 슈트는 정형화하거나 일반화할 수 없는 그의 정신세계를 효과적으로 표현한다.

브라운

바이올렛과 대조적으로, 브라운은 편안함과 익숙함으로 세련미를 구사하는 컬러다. 세련의 사전적 의미는 '서투르거나 어색한 데가 없이 능숙

하고 매끈하게 갈고닦음'인데
이를 결정하는 요인은 바로 어
울림이다. 시각적 요소들의 관
계가 서로 어울리지 않으면 세
련미를 느낄 수 없다. 시각적 융
화의 가장 효과적인 방법은 컬

Brown #231709	Coffee #48371C	Mocha #3C298D	Peanut #795C34
Carob #382511	Hickory #371D10	Wood #3F301D	Pecan #4A2511
Walnut #432616	Caramel #65350F	Gingerbread #5E2C04	Syrup #481F01
Chocolate #2E1503	Tortilla #9A784F	Umber #392315	Tawny #80471C
Brunette #391E08	Cinnamon #652A0E	Penny #532915	Cedar #4A3728

러를 맞추는 것이기 때문에 일반적으로 모노톤은 세련된 느낌을 준다.
브라운은 주변과 융화하기 가장 쉬운 모노톤의 대표적인 컬러다.

세련된 컬러에 대한 조사를 해보면 블랙, 그레이, 화이트 등 무채색이
나 브라운, 카키 등 중립적인 컬러를 언급하는 경우가 많다. 흙과 벽돌,
나무나 가구 등 주변에서 쉽게 볼 수 있는 컬러이기 때문이다. 배경과의
조화가 자연스러운 컬러들이 패션 스타일링에서 세련된 느낌을 주기 때
문에 블랙, 화이트, 그레이의 무채색 계열이나 채도를 낮춘 브라운 계열
이 자주 쓰인다.

영화 〈클로저〉가 감각적이고 세련된 이미지를 주는 건 스토리 전개 방
식뿐 아니라, 주인공들이 영화 전반에 걸쳐 무채색 계열과 브라운 컬러
에 문양과 디테일이 자제된 스타일을 유지하기 때문이기도 하다. 공간
인테리어도 최소화되고 단순화된 상태에서 앞서 언급한 컬러들을 중심
으로 전개된다. 화려한 컬러를 표출할 때도 컬러풀한 염료가 아니라 네
온 컬러를 사용해 세련되고 감각적인 영화의 분위기를 유지한다.

키
작아도 좋아

2000년대 엄청난 인기를 얻었던 남자 아이돌그룹 멤버 A가 연말 시상식에 검은색 슈트를 입고 나온 것을 보고 깜짝 놀란 적이 있다. "어? A가 저렇게 작았나?" 평소 힙합풍의 헐렁한 옷을 즐겨 입어 키를 가늠하기 어려웠는데 몸에 딱 맞는 검은색 슈트를 입으니 키가 뚜렷하게 드러났다. 키가 작은 사람의 단점을 가장 부각시키는 패션은 위아래 같은 색상의 옷을 입는 것이다. 신장이 한눈에 드러나기 때문에 "저 길이가 다야?" 하는 느낌이 드는 것이다. 키가 큰 경우엔 이와 반대다. 배우 유지태가 시상식을 위해 검은색 슈트를 입고 나왔을 때도 마찬가지로 놀랐다. "유지태가 저렇게 컸나?" 키가 큰 경우 동색 계열의 옷을 입으면 "저 길이가 다 저 사람 거야!"로 반응하게 된다.

동색 옷의 마술

같은 색으로 빼입으면 키가 커 보인다는 말도 있는데, 이 경우는 키가 커 보이는 게 아니라 같은 색 부분이 길어 보이는 것이다. 예를 들어 키 작은 사람이 몸 전체를 덮는 블랙 롱드레스를 입는다면 키가 커 보이는 게 아니라 드레스가 길어 보인다. 이와 비슷한 착각으로, 가로를 늘리면 세로가 상대적으로 작아 보인다고 생각하는 경우가 있다. 키가 작은데 어깨 폭이 넓으면 더 작아 보이지 않느냐는 것이다. 그렇지 않다. 앞서 언급했듯 착용자의 이미지가 포인트이지 옷 자체가 길어 보이는 것은 아무 도움이 되지 않는다. 따라서 키가 작고 어깨 폭이 좁으면 왜소한 이미지가 강조된다.

작은 키가 콤플렉스라면 심플하게 입는 것보다는 요소를 첨가하는 것이 좋다. 동일한 색의 슈트를 입더라도 무지 스타일보다 패턴이 들어간 경우가 효과적이며, 특히 얇거나 작은 패턴인 경우 키가 커 보이는 효과가 있다. 같은 면적이더라도 자잘한 요소로 가득 채워지면 많은 것이 채워졌다는 느낌을 주면서 배경이 넓게 보인다. 인테리어를 할 때 타일 크기에 따라 욕실의 사이즈가 달라 보이는 것도 같은 원리인데, 작은 욕실에 큰 타일을 놓으면 작은 타일을 사용할 때보다 훨씬 좁아 보인다. 또는 시선을 위로 올릴 수 있도록 액세서리를 목 주변이나 머리에 하는 것도 효과적이다. 일례로 잔무늬가 있는 선명한 컬러의 넥타이나 스카프를 활용하면 좋다.

연령에 따라서 같은 키가 다르게 보일 수도 있다. 예를 들어 남자 슈트의 경우 비슷한 체형일 때 20~30대보다 40~50대가 커 보이는데, 젊은 느낌은 신선한 만큼 가볍고 중년의 이미지에는 무게감이 실리기 때문이다. 영화 〈여인의 향기〉에서 퇴역 장교 역을 맡은 알파치노의 슈트 패션을 보면 키가 작은 사람들의 슈트 스타일링에 도움이 될 것이다. 여인을 리드하며 탱고를 추는 그는 170cm가 채 되지 않는데, 어깨에 패드가 들어간 여유로운 사이즈의 슈트에는 작은 단추 여러 개가 길게 달려 있고, 잔 도트무늬가 깔린 어두운 붉은 톤의 넥타이를 정갈하게 맸다. 카리스마 있는 그의 존재감이 화면에 꽉 채워진다.

남성에 비해 여성들은 작은 키에 대한 불만이 적어 장점으로 활용하는 경우가 많다. 특히 여성의 귀엽고 사랑스러운 이미지는 남녀 모두에게 선호되는데, 아담한 키의 여성들이 이러한 이미지를 효과적으로 연출할 수 있다. 배우 송혜교가 연말 시상식에서 짧은 꽃무늬 드레스를 입고 나왔을 때 그녀의 작은 키는 단점이 아닌 장점으로 작용했다. 송혜교의 사랑스러운 이미지가 너무 도드라져, 사회를 보던 늘씬한 키의 여배우가 오히려 여성스럽지 않게 느껴질 정도였다.

길어 보이게 하라

"패션은 건축과 같다: 비율이 핵심이다."

— 코코 샤넬

인체의 아름다움을 논할 때 가장 많이 언급하는 것은 비율이다. 고대 그리스부터 지금까지 아름다운 인체의 기본은 변함없이 8등신이었다. 〈밀로의 비너스 상〉, 보티첼리의 〈비너스의 탄생〉, 티치아노의 〈우르비노의 비너스〉에 나오는 세 비너스는 포즈나 분위기는 다르지만 모두 8등신의 몸매를 가지고 있다. 고대 그리스의 건축가 비트루비우스가 저술한 《건축 10서》에도 인체의 비례에 관한 이야기가 나온다. 그는 인체에 적용되는 비례의 규칙을 건축에 적용해야 한다며 '신장은 팔을 좌우로 펼쳤을 때 한 손의 끝에서 다른 손 끝까지의 길이와 같다', '이마에서 턱까지의 길이는 신장의 8분의 1, 어깨 폭은 신장의 4분의 1에 해당한다' 등으로 이상적인 신체 길이를 구체적으로 서술했다. 레오나르도 다 빈치는 건축가가 제시한 비율에 따라 배꼽을 중심으로 원을 그려 손끝과 발끝을 원과 만나게 했고 정사각형 안에 딱 맞는 인체를 그렸는데 이러한 안정감은 완전함으로 연결되었다.

건축가나 예술가 등 비주얼의 안정성을 다루는 사람들은 오래전부터 비율에 대해 많은 연구를 했다. 조화로운 비율이 주는 시각적 안정감은 자연의 법칙과 연결되어 변하지 않는다. 그래서 비율에는 황금 비율처럼 절대적인 비율이 존재한다. 하지만 자신의 체형이 이상적인 비율과 거리가 멀다고 해서 실망할 필요는 없다. 또 이상적인 비율의 체형을 가졌다고 안심할 것도 없다. 타인에게 자를 대고 정확한 수치를 알려는 사람은 없기 때문이다. 우리는 눈으로 보고 느낌으로 판단한다. 길다, 크다, 짧다, 작다 등은 모두 상대적 관계에서 형성된 개념이며, 상대적 관계에 의해 적합한 비율을 만들면 이상적인 비율에 가깝게 보일 수 있다.

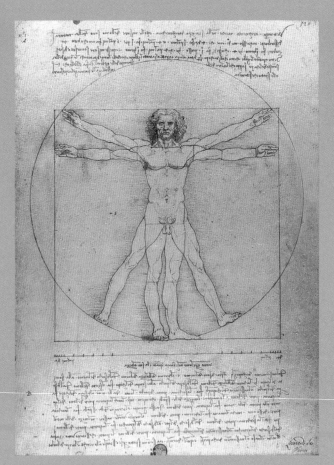

비트루비우스의 설명에 따라 레오나르도 다 빈치가 그린 그림

착장은 보여줌과 동시에 가리는 것이다. 긴 하체를 가지고 싶다면 상대적으로 많이 드러내거나 반대로 많이 가려서 다리가 길어 보이게 만들면 된다. 신체의 특정 부분을 길어 보이게 하고 싶다면 다른 부분을 짧게 하는 것이다. 예를 들어 나폴레옹 제정 시대를 엠파이어 시대라 하는데, 이 시기에 페티코트가 사라지면서 가슴 바로 아래까지 허리선이 올라갔는데 이를 엠파이어 라인이라 한다. 엠파이어 드레스는 상체와 하체를 구분하는 라인이 위로 올라가 하체가 길어 보인다. 이

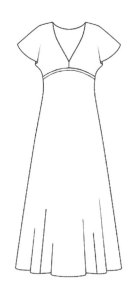

와 비슷하게 긴 원피스 위에 볼레로를 매치하면 하체가 길어 보인다. 이와 반대로 길고 풍성한 상의와 짧은 하의를 매치해도 다리가 길어 보이는데, 이 경우는 노출이 없는 긴 상의보다 많이 드러나는 하체가 강조되는 원리다. 짧은 하의와 짧은 상의를 매치해도 다리가 길어 보일 수는 있는데, 체형에 따라 왜소해 보여서 키가 작아 보일 수 있다.

키가 작은 스타일이 가장 피해야 할 비율은 상체와 하체가 50:50으로 보이는 비율이다. 키가 크다면 긴장 없이 여유롭고 편안해 보일 수 있지만, 작은 키에는 어정쩡하고 답답한 인상을 줄 수 있다. 또 상체든 하체든 '길다'나 '크다'는 인식을 줄 수 없어 키가 작아 보인다.

선
줄무늬로 속여라

스트라이프는 클래식하면서 트렌디한 패턴으로 성별에 관계없이 지속적으로 선호되어온 문양이다. 단정하고 깔끔한 느낌을 주는 동시에 단순 패턴이 반복되어 활동적인 느낌도 준다. 그래서 열정적인 예술가들은 스트라이프의 역동성을 즐겼다. 피카소나 장 폴 고티에가 교복처럼 입던 스트라이프 티셔츠는 그들의 감각적이고 열정적인 이미지를 더욱 강조해준다. 깔끔하면서 젊은 느낌 때문에 스트라이프는 미니멀 스타일이 유행하던 2010년 이후 20대에게 가장 많이 선택되는 티셔츠 패턴이다.

현대인에게 선호되는 스트라이프 패턴은 컬러나 간격, 다른 문양과의 조합에 따라 다양한 형태로 나타나지만 크게 세 가지로 나눌 수 있다. 가로 스트라이프, 세로 스트라이프, 대각선 스트라이프인데 대각선의 경우 패션에서 선호되지 않는 패턴이다. 기본적으로 대칭을 이루는 사람의 몸에서 대각선 무늬는 체형을 비뚤어져 보이게 하기 때문이다.

가장 많이 사용되는 것은 가로 스트라이프다. 옆으로 퍼져 보이는 것보다 위로 길어 보이길 원하는 현대인들의 의도에 효과적이기 때문이다. 가로 스트라이프는 몸을 감싸면서 입체감을 주고 키가 커 보이는 효과를 낸다. 가로 스트라이프가 위로 쌓이는 형태인 반면 세로 스트라이프는 옆으로 퍼지는 형태다. 전자가 '위에 또 있네'가 반복된다

위로 길어 보이는 가로 스트라이프

옆으로 퍼져 보이는 세로 스트라이프

면 후자는 '옆에 또 있네'가 반복된다. 그래서 세로 스트라이프는 팀별로 격렬하게 진행되는 운동경기의 유니폼으로 효과적이다. 상체가 넓어 보일 뿐 아니라 옆으로 퍼져 나가는 무늬이기 때문에 다수가 있을 경우 그 수가 차지하는 면적이나 영향력이 커 보이기 때문이다. 아르헨티나 국가대표 축구 유니폼, 바르셀로나 등 많은 리그의 유니폼들이 세로 스트라이프다.

티셔츠에 사용되는 스트라이프가 두꺼운 선과 뚜렷한 컬러 대비로 프린트 자체를 드러낸다면, 단추와 깃이 달린 셔츠나 포멀한 슈트에는 은은하고 얇은 세로 스트라이프가 사용된다. 화이트 셔츠에 옅은 푸른색의 가는 세로줄이 그어져 있는 것이 대표적이다. 위아래로 얇게 놓인 가는 세로 스트라이프는 트렌디한 가로 스트라이프에 비해 클래식한 느낌을 준다. 그래서 포멀한 셔츠나 슈트에 사용되면 딱딱해 보일 수 있는 단색에 변화를 주면서도 정갈하고 단정한 인상을 유지해준다. 진한 색의 남성용 슈트에 점으로 찍은 듯이 연결한 세로 스트라이프를 '핀 스트라이프', 초크로 그린 것처럼 보이는 스트라이프를 '초크 스트라이프'라고 한다.

니트
같은 옷 다른 느낌

가을이나 겨울에 입는 스웨터는 남녀노소 모두에게 꾸준히 사랑받는 아이템이다. 특히 굵고 부드러운 실로 짜인 오버 사이즈 풀오버는 실이 만들어내는 공간에 채워진 공기로 인해 보온 효과를 주고, 옷이 몸을 껴안는 것처럼 느껴져 감정적으로 포근하고 안정된 기분을 주기도 한다.

하지만 니트 스웨터는 몸매가 마르거나 통통할 경우 단점을 부각시키기도 한다. 우선 편성물의 특성상 짜인 방식 때문에 무게감이 있어 착장했을 때 어깨에서부터 옷감이 늘어지게 된다. 이때 편성물이 처지는 특성과 짜임에 다른 부피감이 체형에 따라 각각 다르게 나타난다. 예를 들어 마른 체형은 니트의 풀오버가 옷의 무게로 늘어지게 되는데, 옆에서 볼 때 굴곡 없이 평평하게 되어 빈약해 보일 수 있다. 반면에 통통한 체형은 부피감 있는 몸과 옷 사이에 공간이 생겨 더욱 두툼해 보인다. 즉 마른 체형은 니트 옷을 입었을 때 짜인 편성물의 공간이 빈 공간으로 부각되지만, 살집이 있는 체형은 빈 공간이 채워졌다고 인식되면서 몸이 부해 보일 수 있다.

이를 상쇄하는 팁으로는 신체에서 상대적으로 가는 부분인 목이나 팔목을 가리거나 반대로 드러내는 방법이 있다. 마른 체형이라면 목을 많이 드러내지 않는 편이 좋고, 통통한 체형의 경우는 목 부위를 최대한 드러내는 편이 좋다. 옆으로 넓게 파인 보트 네크라인으로 갑갑한 느낌을 없애주고, 소매길이를 짧게 하여 손목을 드러내면 몸집이 부해 보이는 단점이 완화될 것이다.

이처럼 서로 상반되는 특징을 강조하는 패션 아이템들이 있다. 검은색 터틀넥의 경우 피부톤이 밝은 사람과 어두운 사람을 각각 다르게 강조한다. 피부톤이 밝은 사람은 터틀넥의 컬러와 대조되어 더 하얗게 보이고, 피부톤이 어두운 사람은 터틀넥의 컬러와 동화되어 더 어둡게 보인다. 스키니 팬츠 역시 하체에 살이 없는 체형과 있는 체형 모두를 강조하는 아이템이다. 하체가 마른 사람이 입으면 스키니한 하체 라인이 그대로 드러나고, 하체가 통통한 사람이 입으면 옷 안에 살이 채워진 느낌을 주며 통통한 하체를 더 강조한다.

끈
있다 없으니까

리타 헤이워드는 1946년 영화 〈길다〉에서 영화 속 가장 매력적인 여성 캐릭터 중 한 명을 연기한다. 춤과 노래로 관객을 사로잡는 그녀의 움직임을 더욱 관능적으로 만들어주는 것은 바로 어깨끈이 달리지 않은 스트랩리스strapless 드레스다. 함께 매치한 긴 장갑은 아무것도 걸치지 않은 맨살의 어깨를 강조한다. 옷이 점점 내려가서 가슴이 보일 것 같은 스트랩리스 드레스는 보는 이로 하여금 아슬아슬함을 느끼게 한다. 몸이 노출되는 면적이 좁은 경우라도 어깨끈은 있을 때와 없을 때 큰 차이가 있다.

예를 들어 얇은 끈이 달린 탱크톱과 끈이 달리지 않은 탱크톱을 비교해보자. 전자에 비해 후자가 훨씬 섹시하게 느껴질 것이다. 이때 어깨의 끈은 몸을 가리는 용도가 아니라 옷이 내려가지 않도록 하는 일종의 안전장치다. 이러한 안전장치가 없는 여성의 옷은 누드와는 또 다른 의미로 굉장히 자극적이다. 그래서 스트랩리스 패션에 대해 이슬람교도들은 악마의 옷이라고 표현하기도 했다. 모르몬교에서도 종교적 기준에서 혐오스럽고 도덕적이지 못해 용납할 수 없는 스타일이라고 했다. 이보다 훨씬 몸을 많이 노출하는 패션에도 크게 관심이 없던 종교계가 스트랩리스 패션을 유난히 불편해했던 것도 보는 이를 자극하기 때문이다.

종교계뿐만 아니라 현대 일반인들의 시선에서도 스트랩리스 패션은 사무실 같은 형식적인 장소에는 맞지 않다는 의견이 일반적이다. 2012년 〈월스트리트 저널〉이 미국인들을 대상으로 한 조사에 따르면 조사 대상자의 72퍼센트가 스트랩리스 패션이 오피스웨어로는 적합하지 않다고 답했다. 미니스커트나 슬래시가 깊게 파인 스커트, 몸의 실루엣을 보여주는 타이트한 원피스보다 스트랩리스 상의에 민감한 것은 노출의 정도보다 상상을 유도하는 자극이 더 아찔하기 때문이다.

만화 캐릭터 베티붑의 레드 롱 드레스를 비교해보면 어깨끈이 있는 경우와 없는 경우 차이가 느껴질 것이다. 레드 컬러와 가터벨트, 하이힐, 에로틱한 포즈와 표정도 섹시하지만 특히 스트랩리스가 관능적인 베티붑을 완성해준다.

어깨끈이 있는 베티붑과 없는 베티붑

조합
모피코트에 스니커즈를

$$A + B \neq A\,B$$
$$A + B = C$$

패션 아이템이 가지고 있는 이미지는 조합에 따라 달라지기 때문에 그 자체로 예측하거나 판단할 수 없다. 터프한 가죽 재킷을 입고도 청순한 분위기를 낼 수 있으며, 상의로 무엇을 입느냐에 따라 청바지가 격식 있는 패션이 되기도 한다.

상반된 이미지의 패션 아이템을 조합하면 하나의 이미지가 다른 이미지를 부각시키거나 서로의 이미지를 중화시켜준다. 전자의 경우 페미닌한 아이템과 남성적인 아이템의 조합을 예로 들 수 있는데, 하늘거리는 하얀색 원피스에 가죽 재킷을 걸치면 여리고 청순한 느낌이 강조되는 식이다. 반면에 포멀한 슈트에 스니커즈를 신으면 딱딱한 슈트의 느낌이 중화되면서 캐주얼하고 스타일리시한 이미지가 연출된다. 모범생 이미지와 섹시한 이미지의 조합도 서로를 완화시키는 효과가 있다. 단정한 슈트를 몸에 딱 붙게 스타일링하거나 깔끔하고 단정하게 묶은 포니테일에 안경을 착용하고 붉은색 립스틱과 높은 하이힐을 조합하면 단정함과 섹시함을 동시에 보여줄 수 있다.

이렇게 서로 다른 이미지의 조합은 새로움을 만들어내기에 가장 효과적인 방법이다. 어린이와 성인의 합성어인 키덜트kidult 패션은 어린아이에게 어울릴 법한 캐릭터나 패턴을 성인의 옷에 가져오는 것을 말한다. 이 경우 새로움뿐만 아니라 이미지 완충의 효과도 있다. 럭셔리 패션과 귀여운 캐릭터의 조합을 예로 들 수 있다. 권위 있지만 다소 딱딱한 느낌의 럭셔리 제품에 귀여운 캐릭터가

돌체앤가바나 2004 F/W

생기를 불어넣어 부드럽게 풀어주는 효과를 낸다. 마초적인 패션과 귀여운 캐릭터의 조합 역시 터프한 이미지에 순수함이 더해져 강한 이미지가 희석된다. 마초적 이미지의 배우 마동석은 터프함 안에 부드러움을 드러내면서 인기를 끌었는데, 그를 향한 호감에는 재킷 안의 미키마우스 티셔츠가 꽤나 큰 역할을 했다.

이렇게 스타일링에 따라 원하는 느낌을 효과적으로 전달할 수 있지만 매치를 잘못하면 과한 느낌이 들어 부담을 줄 수도 있다. 여성스러움을 배가하기 위해 레이스 달린 퍼프소매 원피스에 핑크색 플랫슈즈를 신는다거나, 터프한 느낌을 주기 위해 두꺼운 가죽 재킷에 가죽 팬츠를 매치한다면 정도에 따라 어색하게 느껴질 때도 있다. 기준이 뭔지 혼란스럽다면 상대방의 반응을 통해 확인해보자. 만약 나의 스타일링

이 내가 원하는 이미지를 효과적으로 전달했다면 콘셉트에 따라 옷을 잘 입는 친구로 불릴 것이고, 그 반대라면 같이 다니기에 불편한 친구가 될 것이다.

뱅헤어
귀엽거나 강하거나

앞머리를 눈썹 위에서 일자로 짧게 자른 뱅헤어는 인물이나 스타일링에 따라 상반된 느낌을 준다. 일반적으로 어린 소녀들의 헤어스타일인 뱅헤어를 성인이 하면 나이보다 어려 보이는 효과를 얻을 수 있다. 러블리한 이미지로 사랑받는 오드리 헵번이나 〈아멜리에〉의 오드리 토투 역시 뱅헤어의 혜택을 톡톡히 본 경우다.

이렇게 여성스러운 이미지와 뱅헤어가 만나면 귀여운 느낌을 주는 반면 강한 이미지와 뱅헤어가 만나면 고집스럽고 독특한 이미지를 형성한다. 쿠엔틴 타란티노 감독의 〈펄프 픽션〉에서 건달 두목의 아내 미아(우마 서먼 분)는 약물에 빠져 어두운 세계에 갇혀 지내는 캐릭터다. 주인공 빈센트(존 트래볼타 분)와 헤엄치는 듯한 몸짓으로 자기 기분에 빠져

오드리 토투의 귀여운 뱅헤어(왼쪽)와 우마 서먼의 강한 뱅헤어

무표정하게 춤추는 모습에 검은색 뱅헤어는 완벽했다. 영화 〈피도 눈물도 없이〉에 나오는 수진(전도연 분)의 뱅헤어는 여성성을 강조하는 것이 아니라 험난한 세상에서 잡초처럼 살아가기 위한 자기 방어용 장막이다. 뱅헤어는 이렇게 캐릭터에 따라 세상과의 단절을 원하는 독특한 이미지를 주기 때문에 영화에서 마이너 취향의 인물에 자주 사용된다.

뱅헤어처럼 착용자에 따라 차이가 생기는 또 하나의 패션 아이템으로 모피가 있다. 과거 정복의 상징으로 몸에 두르던 퍼fur는 현대사회에서는 부의 상징적 아이템이다. 퍼는 대부분 고가이기 때문에 패션에 그 정도의 지출이 가능하다는 경제적 능력을 보여준다. 게다가 퍼는 부피가 크고 눈에 띄는 과시적 특성이 있어서 자신감이 표출된다. 고가의 아이템을 착용했을 때 타인의 시선에 당당할 수 있는 것은 자신에게 그만한 능력이 있음을 스스로 인정하는 것이다. 영화 〈악마는 프라다를 입는다〉의 편집장 미란다(메릴 스트립 분)나 〈인사동 스캔들〉의 미술계 거물 배태진(엄정화 분)이 입은 화려한 컬러의 부피감 있는 퍼는 그녀들의 취향뿐 아니라 정복에 대한 욕구와 능력을 함께 표출한다. 따라서 화려한 퍼가 잘 어울린다는 것은 그만한 능력을 갖추고 있다는 자타의 인정이 있다는 뜻이기도 하다.

반면에 부를 과시하기 위해 퍼를 착용했지만 오히려 비어있음이 강조되는 경우도 있다. 부피감이 거품처럼 보이는 경우다. 이때는 '돈도 많다'가 아니라 '돈밖에 없다'는 이미지가 형성된다. 자신이 가진 것을 표현한다기보다 없는 것을 가리려는 것처럼 느껴지기 때문이다. 부를 드러내지만 역설적으로 재물 이외에 아무것도 없는 것이 드러나는 셈이다. 한동안 모피코트는 드라마나 영화에서 부유한 사모님의 상징이었다. 특히 부유하지만 그만한 인성이나 아량을 갖추지 못해서 고귀한 사랑의 감정을 이해하지 못하는 중년 여성의 캐릭터를 나타낼 때 적합했다.

패션에서 절대적인 느낌을 주는 아이템은 없다. 같은 아이템이라도 착용자의 이미지나 스타일링에 따라 상반된 느낌을 줄 수 있다. 그래서 패션의 기본은 자신을 아는 것이다. 자신을 알고 자신의 이미지를 알면 패션을 통해 효과적인 커뮤니케이션을 이뤄낼 것이다.

태도
패션은 애티튜드다

'드레스 잇 셀프Dress It-self'가 콘셉트인 파티가 있었다. 반드시 누군가를 데려오라는 호스트의 성화에 파티 장소와 가까이 있던 친구를 불러냈다. 티셔츠에 면바지, 운동화 차림으로 흔쾌히 나온 친구는 막상 장소에 도착하자 뭔가 불편한 기색이었다. 현란한 패션피플 사이에서 어색해하는 그녀를 보니 내가 실수했나 싶어 미안한 생각이 들었다. 그녀는 자신이 파티 참석자가 아니라 서빙하는 직원 같다며 결국 집으로 돌아갔다. 하지만 그 파티는 드레스 코드가 정해져 있지도 않았고 형식적인 장소도 아니어서 캐주얼 차림이 절대 민폐가 아니었다.

혼자가 된 나는 사람들의 패션을 둘러보고 사진을 찍기 시작했다. 사진을 찍다 보니 편안한 차림의 사람들이 꽤 많았는데, 다들 자연스럽게 어우러져 있어 자세히 보기 전에는 캐주얼 차림인지도 미처 몰랐다. 평범한 차림으로도 자연스럽고 당당하게 파티를 즐기는 그들의 모습은 오히려 '캐주얼'을 콘셉트로 선택한 듯한 분위기까지 풍겼다. 게다가 화려한 장소에서의 편안한 패션은 왠지 여유를 느끼게 했고 이는 매력으로 연결되었다.

파티를 떠난 친구와 파티를 즐기던 사람들의 차이는 무엇이었을까? 바로 애티튜드였다. 애티튜드는 경험과 생각에 따라 외부로 표출되는 태도를 말하는데, 같은 옷을 입어도 태도에 따라 사람들의 평이 달라질 수 있다. 캐주얼 차림의 패션피플이 멋져 보인 이유는 행동에서 드러난 자신감 때문이다. 아마 그들은 형식적인 정장을 입었어도 멋지게 소화했을 것이다.

타인을 불편하게 하는 패션이 아니라면 기본적으로 패션은 자신을 만족시키는 선택이어야 한다. 자신이 생각해도 부족한 모습이라면 타인은 어떻게 생각하겠는가. 자신감 있는 애티튜드는 패션의 가치를 높이고 우리를 돋보이게 한다. 자신에 대해 파악하고 무엇이 어울리는지 고민하다 보면 자연스럽게 자신감을 얻게 된다. 이 자신감으로 패션을 대할 때 사람들은 당신의 모습에 매력을 느낀다.

"요즘 머리가 자꾸 빠져서 짧게 잘랐는데요."
"다리가 굵어서 긴치마를 입었어요."
"오늘 늦게 일어나서 급하게 오느라…."

자신의 패션을 이렇게 설명하면 멀쩡해 보이던 옷도 갑자기 후줄근해 보인다.

"제가 힙합에 관심이 많아서 홍대 앞에서 열리는 힙합 모임에 자주 나가는데요, 지금 이 옷은 힙합을 사랑하는 사람들에게 인기 많은 스타일인데 저에게도 잘 어울리는 것 같아요."

이렇게 말하면 특별히 눈에 띄지 않았던 캐주얼 차림도 멋져 보인다.

패션 디자이너 칼 라거펠트의 말을 빌리면, 패션은 옷에 국한된 것이 아닌 모든 변화이다. 착용자의 태도에 따라 옷의 느낌은 달라진다. 패션 디자이너들은 자신의 디자인을 당당하게 입어주기를 원한다. 그 자신감이 디자인을 완성시켜주는 것을 알기 때문이다. 자신을 돋보이게 하기 위한 옷을 사듯 자신감 있고 매너 있는 애티튜드를 가져보자.

'패완얼'이라는 우스갯소리가 있다. 패션의 완성은 얼굴이란 뜻인데, 솔직히 그리 와 닿지 않는다. 아름다운 얼굴에도 패션테러리스트란 말을 듣는 사람이 있고 대중적 기준에서 미인과는 거리가 있지만 패셔니스타로 추앙받는 사람도 많기 때문이다. 패션 관계자들에게 공감을 얻고 싶다면 '패완얼'은 이렇게 바꾸는 게 낫다.

"패션의 완성은 자신감 있는 표정이다."

유럽의 벼룩시장을 가면 종종 긴 모피코트를 볼 수 있다. 모피코트 는 쉽게 버리지 않는 아이템이기 때문에 벼룩시장에 자주 나오는 데, 빈티지 모피코트는 고급스러 움이 사라진 대신 젊은 사람들이 캐주얼하게 매칭하면 자유롭고 트렌디한 느낌을 준다.

스티브 잡스와 레이디 가가의
공통점은 무엇일까

2000년대 후반 이후 현대 패션에 영향을 미친 패션 트렌드세터trendsetter
에 관한 논의에서 가장 먼저 언급되는 인물 중 한 명은 스티브 잡스다.
그는 최근 패션계의 분위기를 대표하는 놈코어 룩, 평범함 속에 핵심이
느껴지는 스타일링을 대표한다. 이세이미야케의 검은색 터틀넥에 리바
이스 청바지, 뉴발란스 운동화에 스마트한 애티튜드까지 잡스의 패션은
현대인이 선호하는 미니멀한 스타일링 자체다. 그가 IT업계의 신화로
대중의 머릿속에 각인된 데는 이러한 패션의 영향도 컸다. 그의 놈코어
룩은 스마트하고 프로페셔널한 이미지를 심어주는 동시에 CEO가 회사
에 능동적으로 참여하는 느낌을 주면서 소통 가능한 애플의 차별화된
이미지를 구축했다.

편안한 이미지를 추구하는 것과 편안하게 입는 것은 다르다. 편안한 이
미지를 추구하는 것은 패션에서 중요시하는 '콘셉트'의 개념을 포함하
는데 스티브 잡스의 패션은 여기에 속한다. 대충 입고 나온 옷이 운 좋
게 대중에게 먹혔던 것이 아니라, 자신의 스타일이 사람들에게 어떻게
보일지 끊임없이 고찰했기 때문에 효과적인 스타일링이 나온 것이다.
물론 초기에는 티셔츠와 청바지, 운동화 차림으로 신제품을 설명하는
모습이 전문성이 떨어져 보인다거나 TPO에 적합하지 않다는 비난도

있었다. 하지만 일관되면서도 자연스럽게 친근감과 신뢰를 전달하면서 긍정적인 이미지로 연결되었다.

2008년 데뷔한 미국의 가수 레이디 가가는 독특한 패션으로 유명하다. 그녀는 코스프레에 가까운 특이한 차림으로 무대에 서거나 인터뷰에 응한다. 앨범에 수록된 전곡의 작사 작곡에 참여하는 등 음악적인 능력도 대단하지만 이와 별개로 파격적인 스타일링은 그녀를 그녀답게 만들어 줬다. 현대의 음악은 듣는 것과 함께 시각으로 공유하고 소통하는 특징이 강하기 때문에 무수한 음악 속에서 아티스트가 자신을 알리기 위해서는 음악적 역량 이외의 노력도 필요하다. 레이디 가가는 대중적인 시각화에 대해 생각하며 어떻게 사람들의 관심을 끌어들일지 고민했다.

무대나 매스컴에서는 파격에 파격을 거듭하는 패션으로 주목을 받지만 일상에서는 정반대의 모습을 보여준다. 구글에 그녀의 본명인 '스테파니 조앤 앤젤리나 저마노타'로 검색하면 150cm의 작은 키에 화장기 없는 평범한 백인 여성의 모습이 등장한다. 아티스트로서의 이미지와 일상의 이미지를 명확하게 구분함으로써 다양하고 풍부한 모습을 연출하는 데 시너지 효과를 내는 것이다. 일각에서는 레이디 가가의 패션이 음악보다 우선시되는 것에 우려의 목소리도 있지만 그녀의 영향력에 패션이 지대한 역할을 했다는 것만은 부정할 수 없다. 작고 평범한 외모를 가진 그녀는 대체할 수 없는 자기만의 패션을 통해 수많은 아티스트 가운데 오리지널리티를 구축했고 누구보다 파워풀하게 대중을 압도할 수 있었다.

패션은 소통이다. 스티브 잡스와 레이디 가가는 대중에게 비치는 자신의 이미지를 끊임없이 고민해 가장 효과적인 스타일링을 찾았고 대중성과 신뢰를 얻었다. 패션을 즐기는 이들이 소통에 능한 것은 따라서 자연스러운 일이다. 애플은 단순히 새로운 디자인을 선보이는 것이 아니라 자사의 물건을 사용하는 사람들을 치밀하게 연구해 특정한 스토리텔링을 만들어냄으로써 제품의 콘셉트를 이해시킨다. 이러한 소통은 기업에 대한 애착으로 연결되어 열혈 소비자군을 탄생시킨다. 레이디 가가도 팬들에 대한 애정을 숨기지 않는 스타로 유명하다. 가가의 열성팬들은 그녀를 마더 몬스터라 부르고 가가는 팬들을 리틀 몬스터라 부르며 SNS를 통해 지속적으로 소통한다. 잡스와 가가의 독창성은 저절로 생긴 것이 아니라, 이렇게 꾸준히 자신의 이미지에 대해 고찰하고 타인과 소통을 시도하면서 쌓아온 것이다.

대중을 상대하는 유명인뿐만 아니라 우리도 시시각각 타인에게 자신을 내보이며 외부와 소통한다. 그리고 이 소통이 원활하지 않아 자신의 의도가 잘못 전달될 때 스트레스를 받는다. 자신에 대한 오해가 생길까 봐 걱정하는 사람들에게 가장 지속적이고 효과적인 소통의 방법으로 패션을 권하고 싶다. 또 타인뿐만이 아니라 자신과의 효과적인 소통을 위해서도 패션을 이용해보자. 자신과 타인 모두 전보다 당신을 더 사랑하게 될 것이다.

패션을 몰라도 되는
사람은 없다

패션을 소위 '가진 자'들의 전유물로 생각하는 경우가 있다. 하지만 이는 럭셔리 브랜드 제품에 국한된 이야기다. 그리고 이러한 제한은 패션뿐 아니라 어느 분야든 마찬가지다. 스포츠 중에도 값비싼 장비가 필수적인 종목이 있는 것처럼 어느 분야에서나 소비력이 큰 사람들이 향유하는 영역은 존재한다. 음식이나 주거도 그렇다. 그러나 럭셔리 스포츠를 스포츠 자체라고 생각하는 사람은 없는데, 유독 패션은 특정 계층의 것이라는 편견이 있는 것은 왜일까?

생존의 기본인 '의식주'의 첫머리에 오는 것이 패션이다. 물론 이는 추위와 더위로부터 몸을 보호하거나 수치심을 피하기 위한 본능에서 비롯된 것인데, 현대사회에서는 여기에 '관계'라는 요소가 필수적으로 추가된다. 패션에 편견을 가진 사람들은 바로 이 부분을 오해한다. 여기서 말하는 관계는 단순히 남의 행동에 영향을 받아 유행을 따르는 부차적인 문제가 아니다. 다수의 사람과 관계를 맺으며 그 속에서 구축된 이미지에 영향을 받는 현대인들에게 타인의 시선을 고려하는 것은 '옵션'이 아니라 '기본'이기 때문이다. 옵션이라고 생각하면 특정 계층의 문제겠지만 기본이라고 생각하면 관점이 바뀐다. 패션을 통한 관계 맺기는 타인을 위한 것이 아니라 결과적으로 사회 속의 '나'를 위한 것이기 때문이다.

따라서 패션이 가지는 관계 맺기의 속성을 완전히 무시하는 것은 상황에 따라서는 사회 속에서 배제될 수 있는 위험한 행동일 수 있다. 사회 속에서 패션을 통해 나를 드러내는 행위는 단순한 착장의 의미가 아니라 콘셉트를 가지고 외부에 접근하는 방법이다. 콘셉트는 진정성이 결여된 가식이나 속임수와는 다르다. 오히려 타인을 고려하여 '있는 그대로의 나'를 가장 오해 없이 전달하는 방법이다.

최근에 패션에 대한 오해를 극명하게 보여주는 사례가 하나 있었다. 상대적으로 소외된 지역의 청소년들을 위한 교육 봉사활동을 가는 대학생들이 커리큘럼을 짜는데 책 읽어주기, 영어회화, 컴퓨터 수업 등이 들어 있었다. 그 커리큘럼에 대해 다른 과 교수님들과 이야기하다가 이런 교육 프로그램에 패션 스타일링도 넣으면 좋겠다고 말했더니 반응이 좋지 않았다. 경제적으로 풍족하지 않은 학생들에게 위화감을 조성해 그들을 불편하게 할 수도 있다는 것이었다. 심지어 그들에게 패션은 사치일 수 있다는 말까지 나왔다. 큰일 날 소리다. 도대체 패션을 얼마나 잘못 알고 있기에 '사치'라는 단어까지 나오는 걸까.

나에게 머리를 푸는 게 어울릴지 아니면 포니테일 스타일로 깔끔하게 묶는 게 어울릴지, 티셔츠를 바지 안에 넣어 입을지 빼서 입을지 거울 앞에서 주의 깊게 자신을 쳐다보고 생각해보는 것이 패션이다. 거울에 비친 나의 모습에 애정을 가지면서 다른 사람들에게도 더 매력적으로 보일 수 있는 방법을 고민해보는 것이 패션이다. 이러한 시도를 반복하며 자존감을 키우고 꾸준히 사회적으로 소통하려는 노력, 매력적인 애티튜드와 스타일링을 통해 타인에게 호감을 불러일으키려는 노력이 어째서 사치일까! 자신의 가능성을 외부에 호소하고 자신의 가치를 인정받으려는 노력, 이를 위한 지식을 쌓는 데에 계층이 무슨 상관이 있을까.

특정 유명인에 어울리는 스타일은 줄줄이 나열하면서 자신에게 어울리는 스타일은 별로 생각해본 적이 없거나, 자신의 매력이 무엇인지 고민해본 적이 없다면 사회와 효율적으로 소통하지 못하고 있는 것일 수도 있다. 또 타인에게 매력적으로 보이는 방법에 대한 확신이 없다면 행동마저 소심해진다. 정신적 스트레스가 쌓였을 때 헤어스타일을 산뜻하게 바꾸는 것이 도움이 되는 것처럼 자신에 대한 변화와 관심은 에너지로 작용한다.

패션에 관심을 가져보라는 제안은 단순히 옷을 잘 입으라는 뜻이 아니라 자신을 사랑하라는 말과 같다. 패셔니스타가 되기 위해서가 아니라 사소한 스트레스를 없애고 자신을 더 사랑해보기 위해, 반복되는 일상에 재미와 활력을 불어넣기 위해 패션에 관심을 기울여보자. 그러다 보면 패셔니스타라는 수식어는 덤으로 따라오는 당신의 애칭 정도가 될 것이다.

지식인의
오장

알고 입는 즐거움을 위한
패션 인문학

초판 1쇄 발행 2017년 2월 28일
초판 5쇄 발행 2023년 9월 25일

지은이 임성민
펴낸이 권미경
편집   이윤주
마케팅 심지훈
디자인 김종민
펴낸곳 (주)웨일북
등록 2015년 10월 12일 제2015-000316호
주소 서울시 마포구 토정로 47 서일빌딩 701호
전화 02-322-7187 **팩스** 02-337-8187
메일 sea@whalebook.co.kr **페이스북** @whalebooks

ⓒ 임성민, 2017
ISBN 979-11-956771-9-1 03100

소중한 원고를 보내주세요.
좋은 저자에서 좋은 책이 나온다는 믿음으로, 항상 진심을 다해 구하겠습니다.

이 도서의 국립중앙도서관 출판예정도서목록(CIP)은 서지정보유통지원시스템 홈페이지(http://seoji.
nl.go.kr)와 국가자료공동목록시스템(http://www.nl.go.kr/kolisnet)에서 이용하실 수 있습니다.(CIP제
어번호: CIP2017004346)